AF453395

La Révolution prolétarienne

N. LENINE

La Révolution prolétarienne

et le renégat Kautsky

PARIS

Bibliothèque Communiste

123, Rue Montmartre, 123

1921

PRÉFACE

La brochure de Kautsky La Dictature du Prolétariat, parue récemment à Vienne (Wien, 1918, *Ignaz Brand, Editeur*), offre l'exemple le plus frappant de la banqueroute totale et honteuse de la IIe Internationale, banqueroute dont parlent depuis longtemps tous les socialistes honnêtes de tous les pays. La question de la révolution prolétarienne est entrée pratiquement à l'ordre du jour dans toute une série d'Etats. C'est pourquoi il est indispensable d'analyser les sophismes de Kautsky et son reniement complet du marxisme.

Il faut d'abord rappeler que, depuis le début de la guerre, celui qui écrit ces lignes dut à maintes reprises attirer l'attention sur la rupture de Kautsky avec le marxisme. J'ai consacré à ce sujet en 1914-1916 une série d'articles dans le Social-Démocrate, paraissant à l'étranger, et le Communiste. Ces articles ont été réunis dans le volume de G. Zinoviev et N. Lénine: Contre le Courant (*Pétrograd 1918 (550 pages) édité par le Soviet de Pétrograd. J'ai encore parlé du « kautskysme » dans une brochure publiée à Genève en 1915 et qui a été traduite, la même année, en allemand et en français.

« Kautsky, l'autorité suprême de la IIe Internationale, montre de la façon la plus typique et la plus éclatante comment, chez certains, le marxisme, reconnu en paroles, s'est transformé en réalité en un

« *struvisme* » *ou en un* « *brentanisme* », *c'est-à-dire en cette doctrine libérale bourgeoise qui admet la lutte* « *de classe* » *du prolétariat pourvu qu'elle n'aille pas jusqu'à la révolution et qui est représentée surtout par l'écrivain russe Struve et l'économiste allemand Brentano.*

Nous en voyons un autre exemple chez Plekhanov.

Grâce à une suite de sophismes évidents, on extirpe du marxisme son âme révolutionnaire vivante, on admet tout dans le marxisme excepté les méthodes de lutte révolutionnaire, la propagande, la préparation de cette lutte et l'éducation des masses dans ce sens.

Kautsky « *concilie* », *avec un beau mépris des idées, la pensée fondamentale du social-chauvinisme, c'est-à-dire le principe de la défense nationale dans la guerre actuelle, avec une concession diplomatique et illusoire aux gauches, telle que l'abstention lors du vote des crédits de guerre ou une déclaration verbale d'opposition, etc.; Kautsky, qui écrivait en 1909 tout un livre sur l'approche de l'ère des révolutions et sur les liens indissolubles de la guerre et de la révolution, Kautsky, qui signa en 1912 le Manifeste de Bâle sur l'utilisation révolutionnaire de la guerre prochaine, se donne à tâche aujourd'hui de justifier et d'embellir le social-chauvinisme. Comme Plekhanov, il se joint à la bourgeoisie pour ridiculiser toute idée de révolution, toute action visant à la lutte proprement révolutionnaire.*

La classe ouvrière ne peut pas réaliser son idéal de révolution mondiale sans déclarer une guerre impitoyable à ces renégats sans caractère, à ces valets complaisants de l'opportunisme qui avilissent à un degré inouï la théorie marxiste. Le kautskysme n'est pas un enfant du hasard, c'est le produit social des contradictions de la II° Internationale, qui unit une fidélité verbale au marxisme à une soumission réelle à l'opportunisme. (G. Zinoviev et N. Lénine: Le Socialisme et la Guerre, Genève 1915, pages 13-14).

Dans un livre écrit en 1916, L'Impérialisme comme Etape dernière du Capitalisme, paru à Pétrograd en 1917, j'ai analysé en détail l'inconsistance théorique de tous les raisonnements de Kautsky sur l'impérialisme. J'y citais la définition que Kautsky donne de l'impérialisme : « L'impérialisme est un produit du capitalisme industriel à son plus haut point de développement. Il consiste dans la tendance de chaque nation capitaliste industrielle à s'annexer ou à se soumettre toutes les grandes régions agricoles (souligné par Kautsky) sans tenir compte des nations qui les habitent ». J'ai démontré que cette définition était absolument fausse et « adaptée » aux besoins de la cause, pour laisser dans l'ombre les contradictions internes les plus profondes du capitalisme, afin de trouver ensuite un terrain de conciliation avec l'opportunisme. Je donnais ma propre définition de l'impérialisme : « L'impérialisme est le capitalisme parvenu à un stade de son développement où est établie la domination des monopoles et du capital financier, où a pris une importance hors ligne l'exportation des capitaux, où est commencé le partage du monde entre les trusts internationaux et terminé le partage de toute la surface de la terre entre les pays capitalistes les plus importants ». Je démontrais que la critique de l'impérialisme est encore plus faible chez Kautsky que chez les auteurs bourgeois.

Enfin, en août et septembre 1917, c'est-à-dire avant la révolution prolétarienne russe (25 octobre-7 novembre 1917) j'ai écrit: L'Etat et la Révolution. Doc-

trinc du marxisme sur l'Etat et Rôle du Prolétariat dans la Révolution, *brochure parue à Pétrograd au début de 1918; et là, dans le chapitre VI sur la « Déformation du marxisme par les Opportunistes », j'ai accordé une attention spéciale à Kautsky, démontrant qu'il a absolument dénaturé la doctrine de Marx, qu'il l'a travestie en opportunisme et qu'il a « renié en fait la révolution, tout en la reconnaissant en paroles ».*

Au fond, l'erreur théorique fondamentale de Kautsky, dans sa brochure sur la dictature du prolétariat, réside justement dans un déguisement opportuniste de la doctrine de Marx sur l'Etat, déformation que j'ai dénoncée point par point dans ma brochure sur L'Etat et la Révolution.

Il était nécessaire de faire ces remarques préliminaires, parce qu'elles prouvent que j'ai accusé ouvertement Kautsky d'être un renégat, longtemps avant que les bolchéviks aient pris le pouvoir et que Kautsky les ait condamnés pour cela.

N. L.

La Révolution prolétarienne

Comment Kautsky transforme Marx
en vulgaire libéral

La question fondamentale que Kautsky traite dans sa brochure est celle du contenu essentiel de la révolution prolétarienne, à savoir la dictature du prolétariat. C'est une question de la plus grande importance pour tous les pays, surtout pour les pays les plus avancés, surtout pour les belligérants et surtout au moment actuel. On peut dire sans exagérer que c'est là le problème principal de toute la lutte de classe prolétarienne. Nous devons donc nous y arrêter longuement.

Kautsky pose la question de la façon suivante: « L'opposition des deux courants socialistes (c'est-à-dire des bolchéviks et des non-bolchéviks) est « l'opposition de deux méthodes radicalement différentes: la méthode démocratique et la méthode dictatoriale » (page 3).

Remarquons en passant qu'en appelant socialistes les non-bolchéviks de Russie, c'est-à-dire les menchéviks et les s.-r. (1), Kautsky se laisse guider par leur nom, c'est-à-dire par un mot, au lieu de considérer la place réelle qu'ils occupent dans la lutte du prolétariat contre la bourgeoisie. Voilà une façon admirable de comprendre et d'appliquer le marxisme ! Mais nous y reviendrons plus en détail.

Pour le moment, il nous faut prendre le point le plus important: la grande découverte de Kautsky sur « l'opposition radicale » « des méthodes démocratique et dictatoriale ». C'est là le nœud de la question. C'est l'essence même de la brochure de Kautsky. Et c'est là une confusion théorique si monstrueuse, un reniement du marxisme si complet, qu'il faut avouer que Kautsky a laissé Bernstein loin derrière lui.

La question de la dictature du prolétariat est la question des rapports entre l'Etat prolétarien et l'Etat bourgeois, entre la démocratie prolétarienne et la démocratie bourgeoise. Il semble que cela soit clair comme le jour. Mais, pareil à un maître d'école figé sur les manuels d'histoire, Kautsky tourne obstinément le dos au xx° siècle pour ne considérer que le xviii°, et ressasse pour la centième fois au prix d'un incroyable ennui, dans une interminable série de paragraphes, toutes les vieilles histoires sur les rapports de la démocratie bourgeoise avec l'absolutisme et la féodalité.

On dirait en vérité qu'il dévide une bobine sans fin.

C'est ne rien comprendre aux rapports entre les choses ! On ne peut que sourire des efforts de Kautsky s'évertuant à démontrer qu'il y a des gens qui

---

(1) Abréviation couramment employée en Russie pour : socialistes-révolutionnaires.

prêchent le « mépris de la démocratie » (p. 11), etc.
C'est par de pareilles balivernes que Kautsky obscur-
cit et embrouille le débat, posant la question, en libéral qu'il est, sur le terrain de la démocratie en général
et non pas de la démocratie bourgeoise. Il évite même
cette notion exacte tirée de la lutte de classes, et
essaye de parler de la démocratie « d'avant le socialisme ». Notre moulin à paroles a rempli presque le
tiers de la brochure, 20 pages sur 63, de ce bavardage
on ne peut plus agréable à la bourgeoisie, puisqu'il
équivaut à un maquillage de la démocratie bourgeoise
et qu'il laisse dans l'ombre la question de la révolution prolétarienne.

Le titre de la brochure de Kautsky n'en est pas
moins « La Dictature du Prolétariat ». Tout le monde
sait que c'est là justement le fond de la doctrine de
Marx. Aussi, après tout ce bavardage en dehors du
sujet, Kautsky a-t-il cité lui aussi les paroles de Marx
sur la dictature du prolétariat.

Il s'y est pris d'une façon vraiment comique, Kautsky, le « marxiste ». Ecoutez-le:

« Cette façon de voir (c'est-à-dire, selon Kautsky, le
mépris de la démocratie) s'appuie sur un seul mot de
Karl Marx », — voilà ce que nous lisons textuellement à la page 20. A la page 60 il le répète encore et
va jusqu'à dire: « Ils (les bolchéviks) se sont sou-
venus à temps d'un petit mot » (textuellement: dás
Wörtchens) sur la dictature du prolétariat, que Marx
a employé une fois en 1875 dans une lettre.

Voici ce « petit mot » de Marx:

« Entre les sociétés capitaliste et communiste se
trouve la période de transformation révolutionnaire
de la première en la seconde. A cette période corres-

pond une période politique transitoire dans laquelle l'Etat ne peut prendre d'autre forme que celle de la dictature révolutionnaire du prolétariat ».

D'abord, appeler ce raisonnement célèbre de Marx, qui est le résumé de toute sa doctrine révolutionnaire, « un seul mot » ou même « un petit mot », — c'est tout bonnement se moquer du marxisme et le renier complètement. Il ne faut pas oublier que Kautsky connaît Marx presque par cœur, qu'à en juger par ses écrits, il doit avoir disposé, sur son bureau ou dans sa tête, une série de casiers où il a réparti, de la façon la plus méthodique et la plus pratique pour en faire des citations, tout ce que Marx a écrit.

Kautsky *ne peut pas ne pas savoir* que Marx et Engels, dans leurs lettres aussi bien que dans leurs œuvres imprimées, ont parlé de la dictature du prolétariat de *nombreuses fois* avant ou après la Commune. Kautsky ne peut pas ne pas savoir que cette formule de la « Dictature du prolétariat » n'est que l'énonciation dans le domaine historique et concret, mais scientifiquement exacte, du rôle naturel du prolétariat, qui est de « briser » la machine gouvernementale bourgeoise, et dont Marx et Engels ont parlé de 1852 à 1891, c'est-à-dire *durant 40 ans,* en profitant de l'expérience des révolutions de 1848 et surtout de 1871.

Comment expliquer cette déformation monstrueuse du marxisme par un aussi parfait connaisseur du marxisme que Kautsky? Si l'on se place au point de vue philosophique, tout se réduit à une substitution de l'éclectisme et de la sophistique à la dialectique. Kautsky est passé maître dans cette substitution. Au point de vue politique et pratique, tout se réduit à une vile servilité devant les opportunistes, c'est-à-dire, en fin de compte, devant la bourgeoisie. A force de faire des progrès dans cette voie depuis le début de la guerre, Kautsky est devenu un virtuose dans l'art d'être marxiste en paroles et laquais de la bourgeoisie en réalité.

On s'en convainc encore mieux en examinant « l'interprétation » remarquable donnée par Kautsky du « petit mot » de Marx sur la dictature du prolétariat. Ecoutez:

« Marx a malheureusement omis d'indiquer plus en détail comment il se représente cette dictature »... (Voilà un mensonge typique de renégat, car Marx et Engels ont justement donné une série d'indications très détaillées que notre professionnel du marxisme laisse intentionnellement de côté). « Littéralement, le mot dictature signifie suppression de la démocratie. Mais, sans doute, pris à la lettre, ce mot signifie aussi pouvoir d'un seul individu, qui n'est lié par aucune loi. Pouvoir d'un seul qui se distingue du despotisme en ce qu'il est compris non pas comme une institution d'Etat permanente, mais comme mesure extrême transitoire.

« L'expression « dictature du prolétariat » — c'est-à-dire dictature non pas d'un seul individu, mais d'une seule classe prouve déjà que Marx n'avait pas en vue ici la dictature au sens littéral du mot.

« Il parle ici non d'une *forme de Gouvernement*, mais d'une situation qui doit se produire partout où le prolétariat a conquis le pouvoir politique. Ce qui prouve que Marx n'avait pas en vue ici une formé de Gouvernement, c'est l'opinion qu'il avait qu'en Angleterre et en Amérique la transition peut s'effectuer pacifiquement, donc par voie démocratique » (page 20).

Nous citons à dessein tout ce raisonnement en entier afin que le lecteur puisse se rendre compte des procédés employés par le « théoricien » Kautsky.

Kautsky a voulu aborder la question par une définition du « mot dictature ».

A merveille. C'est le droit sacré de chacun d'aborder la question par où il veut. Mais il faut seulement distinguer entre les façons sérieuses et honnêtes ou malhonnêtes d'aborder la question. Celui qui voudrait traiter sérieusement la question en l'abordant de cette façon, devrait donner sa *définition* du « mot » en cause. Alors la question serait posée clairement et franchement. Kautsky n'en fait rien.

« Littéralement, — écrit-il, — le mot dictature signifie suppression de la démocratie ».

Premièrement, ce n'est pas une définition. Si Kautsky voulait éviter de définir la notion de dictature, qu'avait-il besoin de choisir cette façon d'aborder la question?

Secondement, cela est évidemment faux. Il est naturel qu'un libéral parle de « démocratie » en général. Un marxiste, lui, n'oubliera jamais de demander: « pour quelle classe »? Chacun sait, par exemple — et « l'historien » Kautsky le sait également — que les insurrections ou même les grands mouvements des esclaves de l'antiquité prouvent en fait que le fond de l'Etat antique était la *dictature des propriétaires d'esclaves*. Est-ce que cette dictature supprimait la démocratie *parmi les propriétaires d'esclaves, pour eux*? Tout le monde sait que non.

Le « marxiste » Kautsky a dit une absurdité monstrueuse et un mensonge, parce qu'il a « oublié » la lutte de classes...

Pour transformer l'affirmation libérale et mensongère de Kautsky en affirmation marxiste et vraie, il faut dire: la dictature ne signifie pas nécessairement destruction de la démocratie pour la classe qui réalise cette dictature sur les autres classes, mais elle signifie nécessairement destruction (ou limitation essentielle, ce qui est aussi une des formes de la destruction) de la démocratie, pour la classe aux dépens de laquelle ou contre laquelle s'exerce la dictature.

Mais si juste que soit cette définition, elle ne définit pas la dictature.

Examinons la phrase suivante de Kautsky:

« ... Mais il va de soi que, pris à la lettre, ce mot signifie aussi pouvoir d'un seul individu qui n'est lié par aucune loi ».

Pareil à un animal aveugle qui fourre son nez au hasard par-ci, par-là, Kautsky est tombé ici sur une idée juste, cette idée que la dictature est un pouvoir qui n'est lié par aucune loi; mais *il n'a quand même pas donné* la définition de la dictature, et il a dit, en outre, une inexactitude historique évidente, en affirmant que la dictature est le pouvoir d'un seul individu. Cela n'est même pas juste étymologiquement, car on peut avoir la dictature d'un groupe de personnes, d'une oligarchie, d'une classe, etc.

Plus loin Kautsky indique la différence entre la dictature et le despotisme; mais bien que son affirmation soit évidemment fausse, nous ne nous y arrêterons pas, car cela n'a aucun rapport avec la question qui nous intéresse. Nous connaissons le penchant de Kautsky à se détourner du xxᵉ siècle vers le xviiiᵉ, et du xviiiᵉ vers l'antiquité, et nous espérons qu'une fois parvenu à la dictature, le prolétariat allemand tiendra compte de ce penchant et nommera, par exemple,

Kautsky professeur d'histoire ancienne dans un lycée. Il faut être un sot ou le plus maladroit des fripons pour tâcher d'éviter de définir la dictature du prolétariat en raisonnant sur le despotisme.

En fin de compte, en prétendant traiter de la dictature, Kautsky a dit consciemment beaucoup de faussetés, mais n'a donné aucune définition. Si, au lieu de se fier à ses facultés intellectuelles, il avait consulté sa mémoire, il aurait pu sortir de ses casiers tous les cas où Marx parle de la dictature. Il aurait, sans aucun doute, obtenu la définition suivante ou quelque autre équivalente dans le fond:

La dictature est un pouvoir qui s'appuie directement sur la force et qui n'est soumis à aucune loi.

La dictature révolutionnaire du prolétariat est un pouvoir conquis et maintenu par la force employée par le prolétariat contre la bourgeoisie, pouvoir qui n'est soumis à aucune loi.

Cette vérité toute simple, cette vérité claire comme le jour pour tout ouvrier conscient représentant la masse, et non cette couche superficielle de canaille bourgeoise achetée par les capitalistes que sont les socialistes-impérialistes de tous les pays, cette vérité évidente pour tout représentant des exploités luttant pour leur affranchissement, cette vérité indiscutable pour tout marxiste, nous sommes obligés de l'arracher de haute lutte au très savant M. Kautsky. Comment expliquer cela? Par cet esprit de servilité qui a pénétré les chefs de la IIe Internationale devenus de méprisables sycophantes au service de la bourgeoisie.

D'abord Kautsky a fait un maquignonnage en affirmant, chose évidemment absurde, que le sens littéral du mot dictature est dictature d'un seul individu; puis, partant de cette falsification, il déclare que, par conséquent, l'expression de dictature du prolétariat chez Marx n'a pas son sens littéral, que dictature ne signifie pas application de la force révolutionnaire, mais « conquête pacifique de la majorité sous la démocratie bourgeoise » (remarquez bien cela).

Il faut distinguer, voyez-vous, entre « situation » et « forme de Gouvernement ». Distinction étonnamment profonde, tout comme si nous distinguions entre la situation ou l'état de bêtise d'un homme qui raisonne de travers et la « forme » de sa bêtise!

Kautsky a besoin de présenter la dictature comme une « situation » de « domination » (c'est l'expression qu'il emploie littéralement à la page 21) parce qu'alors *disparaît la force révolutionnaire, disparaît la révolution violente*. « La situation de domination », c'est une situation dans laquelle se trouve toute majorité sous... la démocratie. Grâce à ce tour de bâton déloyal, *la révolution disparaît* fort heureusement.

Mais la déloyauté est par trop grossière et elle ne sera d'aucun secours à Kautsky. Que la dictature suppose et désigne cette « situation » de force révolutionnaire qui déplaît tant aux renégats, appliquée par une classe contre une autre, cela crève les yeux. La fausseté de cette distinction entre « situation » et « forme de Gouvernement » est manifeste. Il faut être triplement sot pour parler de forme de Gouvernement, car le dernier des écoliers sait que monarchie et république sont deux formes de Gouvernement, bien distinctes. M. Kautsky a besoin de prouver que ces deux formes de gouvernement, comme toutes les formes de Gouvernement transitoires sous le régime capitaliste, ne sont que des variétés de l'*Etat bourgeois*, c'est-à-dire de la *dictature de la bourgeoisie!*

Enfin, parler de forme de Gouvernement, c'est une falsification aussi sotte que grossière de Marx, qui parle clairement ici de la forme ou du type de l'*Etat* et non pas de la forme de Gouvernement.

La révolution prolétarienne est impossible sans la destruction brutale de l'Etat bourgeois et son remplacement par un *nouvel* appareil qui, comme le dit Engels, n'est « déjà plus l'Etat au sens propre du mot ».

Il faut que Kautsky cache et travestisse tout cela: sa position de renégat l'exige. Voyez à quels misérables subterfuges il a recours.

Premier subterfuge: « Ce qui prouve que Marx n'avait pas en vue ici la forme de Gouvernement, c'est qu'il jugeait possible en Angleterre et en Amérique la révolution pacifique, c'est-à-dire par la voie démocratique... »

La *forme de Gouvernement* n'a rien à faire ici, car il y a des monarchies qui n'ont aucun caractère de l'Etat bourgeois, qui se distinguent par exemple par l'absence de militarisme, et il y a des républiques qui en portent tous les caractères avec le militarisme et la bureaucratie. C'est un fait historique et politique universellement connu, et Kautsky ne réussira pas à le dénaturer.

Si Kautsky voulait raisonner sérieusement et loyalement, il se demanderait: y a-t-il des lois historiques concernant les révolutions et ne connaissant pas d'exception? Réponse: non, il n'y a pas de lois semblables. Ces lois n'ont en vue que ce que Marx a appelé un jour « l'idéal » au sens du capitalisme moyen, normal, type.

Ensuite y avait-il vers 1870 quelque chose qui faisait de l'Angleterre et de l'Amérique une exception sous le *rapport examiné?* Pour tout homme initié aux exigences de la science dans le domaine des questions historiques, il est évident que cette question demande à être posée. Ne pas la poser serait falsifier la science et jouer avec les sophismes. Or cette question entraîne forcément cette réponse: la dictature révolutionnaire du prolétariat, c'est l'emploi de la *force* contre la bourgeoisie; or cet emploi de la force est nécessité *surtout,* comme Marx et Engels l'ont tout au long et maintes fois expliqué (en particulier dans la « Guerre civile en France » et dans la préface de cet ouvrage), par le régime *militariste* et *bureaucratique.* Or précisément en 1870, quand Marx a fait sa remarque, ces institutions *n'existaient pas* en Angleterre et en Amérique. Maintenant *elles existent* en Angleterre comme en Amérique.

Pour couvrir sa trahison, Kautsky en est réduit à truquer à chaque pas.

Remarquons comme il a laissé passer le bout de l'oreille; il a écrit: « pacifiquement, c'est-à-dire *par voie démocratique* ».

En définissant la dictature, Kautsky s'est évertué à cacher au lecteur le caractère fondamental de cette notion, à savoir: *l'emploi* de la force révolutionnaire. Mais la vérité s'est fait jour: il s'agit de distinguer entre *révolution pacifique* et *révolution violente.*

C'est ici qu'est le secret. Tous ses expédients, tous ses sophismes, toutes ses falsifications ne servent à Kautsky qu'à *échapper* à la révolution *violente,* à voiler son reniement et son passage du côté de la politique ouvrière *libérale,* c'est-à-dire du côté de la bourgeoisie.

C'est la clef du mystère.

L' « historien » Kautsky fausse l'histoire avec tant

d'impudence qu'il oublie l'essentiel: le capitalisme antérieur au monopole, dont l'apogée date précisément de 1870, se distinguait en vertu de ses attributs *économiques* essentiels, dont l'Angleterre et l'Amérique offraient le type, par le maximum de pacifisme et de libéralisme possibles sous ce régime.

L'impérialisme, lui, c'est-à-dire le capitalisme monopolisateur, dont la maturité ne date que du xx° siècle, par ses attributs *économiques* essentiels, se distingue par le minimum de pacifisme et de libéralisme et par le développement maximum du militarisme dans le monde entier. « N'y point prendre garde », quand on recherche jusqu'à quel point la révolution pacifique ou violente est certaine ou probable, c'est se rabaisser au rang de vulgaire laquais de la bourgeoisie.

Deuxième subterfuge: « La Commune de Paris a été la dictature du prolétariat, mais elle a été élue par le suffrage *universel*, sans que la bourgeoisie ait été privée de ses droits électoraux, « démocratiquement ». Et Kautsky triomphe: « La dictature du prolétariat était pour Marx (ou d'après Marx) un état de choses découlant nécessairement de la démocratie pure, si le prolétariat compose la majorité (bei uberwiegendem Proletariat » (§ 21).

Cet argument de Kautsky est si drôle qu'on éprouve un véritable « embarras de richesses » à le réfuter. Tout d'abord on sait que la fleur, l'état-major, la crème de la bourgeoisie s'étaient enfuis de Paris à Versailles. A Versailles se trouvait le « socialiste » Louis Blanc, ce qui du reste confirme la fausseté des affirmations de Kautsky, d'après lesquelles à la Commune participaient « tous les courants » du socialisme. N'est-il pas ridicule de présenter comme « démocratie pure » avec le « suffrage universel » la division des habitants de Paris en deux camps belligérants dont l'un rassemblait toute la bourgeoisie militante et politiquement active?

Ensuite, la Commune luttait contre Versailles, comme Gouvernement ouvrier de la France contre le Gouvernement bourgeois. Que viennent faire ici la « démocratie pure » et le « suffrage universel », lorsque Paris décidait du sort de la France? Quand Marx trouvait que la Commune avait commis une faute en ne s'emparant pas de la Banque qui appartenait à la France entière, peut-être que Marx partait aussi des principes et de la pratique de la « démocratie pure? »

On sait en vérité que Kautsky écrit dans un pays où la police interdit aux gens de rire en compagnie, sans quoi Kautsky aurait été tué par le rire.

Enfin, je me permettrai de rappeler respectueusement à Monsieur Kautsky qui connaît par cœur Marx et Engels le jugement suivant d'Engels sur la Commune, du point de vue... « de la démocratie pure » :

« Ces messieurs (les anti-autoritaires) ont-ils jamais vu une révolution? La révolution est incontestablement la chose la plus autoritaire qui soit possible.. La révolution est un acte par lequel une partie de la population impose sa volonté à coups de fusils, de baïonnettes, de canons, c'est-à-dire par des moyens extrêmement autoritaires. Le parti qui a vaincu est dans la nécessité de maintenir sa domination au moyen de la terreur que ses armes inspirent aux réactionnaires. Si la Commune de Paris ne s'était pas appuyée sur l'autorité du peuple armé contre la bourgeoisie, est-ce qu'elle aurait tenu plus d'un jour? Ne sommes-nous pas en droit, au contraire, de blâmer la Commune d'avoir trop peu usé de cette autorité? ».

La voilà la « démocratie pure » ! De quels sarcasmes Engels n'aurait-il pas couvert le vil bourgeois, le « social-démocrate », au sens français de 1848 ou au sens désormais européen de 1914-1918, qui se fût avisé de parler de « démocratie pure » dans une société divisée en classes!

Mais assez là-dessus. Il est impossible d'énumérer toutes les absurdités débitées par Kautsky; dans chacune de ses phrases il est renégat jusqu'à la moelle des os.

Marx et Engels ont donné de la Commune de Paris une analyse très approfondie; ils ont montré que son mérite consista dans sa tentative de *briser*, de *détruire* « la machine d'Etat toute faite ». Cet argument avait aux yeux de Marx et d'Engels une valeur si considérable, qu'ils n'ont introduit en 1872 *que* ce correctif au programme « vieilli » par endroits du Manifeste Communiste. Marx et Engels ont montré que la Commune anéantissait l'armée et le fonctionnarisme, anéantissait le *parlementarisme*, détruisait « ce champignon parasite qu'est l'Etat » et ainsi de suite; le très sage Kautsky, lui, coiffé de son bonnet de nuit, rabâche ce qu'ont répété mille fois les professeurs libéraux, les vieilles rengaines sur la « démocratie pure ».

Rosa Luxembourg n'exagérait pas quand le 4 Août 1914 elle traitait la social-démocratie allemande de *cadavre puant*.

Troisième subterfuge: « Si nous parlons de dictature comme forme de Gouvernement, nous ne pouvons parler de dictature de classe. Une classe, en effet, comme nous l'avons déjà fait remarquer, ne peut que dominer, mais non pas gouverner ». Ce sont les « organisations » ou les « partis » qui gouvernent.

Vous embrouillez, vous embrouillez d'une façon abominable, Monsieur le « baron du quiproquo! »

La dictature n'est pas une « forme de Gouvernement »; c'est une sottise que vous dites. Marx parle non pas de la forme de Gouvernement, mais de la forme ou du type de l'Etat. Ce n'est pas du tout, du tout, la même chose. De même il est absolument faux qu'une classe ne puisse pas gouverner; une pareille sottise ne peut venir que d'un « crétin parlementaire » qui ne voit jamais rien en dehors du parlement bourgeois et ne remarque rien en dehors des « partis dirigeants ». Le premier pays d'Europe venu offrira à Kautsky des exemples de gouvernements entre les mains d'une *classe* dominante, par exemple les grands propriétaires fonciers au moyen âge, malgré leur organisation insuffisante.

Ainsi donc, Kautsky a dénaturé d'une façon révoltante la notion de la dictature du prolétariat, en transformant Marx en un vulgaire libéral; il est tombé lui-même dans un libéralisme de bas étage, quand il nous débite ses phrases creuses sur la « démocratie pure », lorsqu'il masque et laisse dans l'ombre le contenu de classe de la démocratie *bourgeoise* et qu'il écarte avec effroi l'emploi de la *force révolutionnaire* par la classe asservie. En « commentant » la notion de « dictature révolutionnaire du prolétariat » de façon à en faire disparaître la violence révolutionnaire de la classe asservie à l'égard des asservisseurs, Kautsky a battu le record mondial de la déformation libérale de Marx. Le renégat Bernstein n'est qu'un roquet à côté du renégat Kautsky.

Démocratie bourgeoise et démocratie
prolétarienne

La question que Kautsky a embrouillée de façon si abominable se présente en réalité comme suit:

A moins de se moquer du sens commun et de l'histoire, il est clair qu'on ne peut parler de « démocratie pure » tant qu'il existe des classes distinctes. On peut parler seulement de démocratie *de classe* (soit dit entre parenthèsse, « démocratie pure » est non seulement une phrase d'*ignorant* qui ne comprend rien à la lutte de classes ni à la nature de l'Etat, mais encore une phrase trois fois vide de sens, car dans la société communiste la démocratie, régénérée et transformée en habitude, *s'éteindra* sans avoir jamais été une « démocratie pure »).

La « démocratie pure » n'est qu'une phrase hypocrite de libéral destinée à tromper les travailleurs. L'histoire connaît seulement la démocratie bourgeoise qui a remplacé la féodalité, et la démocratie prolétarienne qui supplante la démocratie bourgeoise.

Lorsque Kautsky consacre des dizaines de pages à « prouver » cette vérité, que la démocratie bourgeoise constitue un progrès par rapport au Moyen Age, et que le prolétariat doit absolument se servir d'elle dans sa lutte contre la bourgeoisie, voilà bien encore du bavardage libéral destiné à berner les travailleurs, car c'est une vérité évidente aussi bien dans la Russie inculte que dans l'Allemagne civilisée. Kautsky jette sa poudre « savante » aux yeux des tra-

vailleurs, prend des airs graves pour nous parler de
Weitling et des Jésuites du Paraguay ou autres balivernes, afin de *passer sous silence la nature bourgeoise* de la démocratie contemporaine, c'est-à-dire de
la démocratie *capitaliste.*

Du marxisme, Kautsky prend ce qui est admissible
pour les libéraux, pour la bourgeoisie (critique du
moyen âge, rôle historique utile du capitalisme en
général, et de la démocratie capitaliste en particulier)
et jette par dessus bord, passe sous silence **ou** laisse
dans l'ombre ce qui, dans le marxisme, est *inadmis-
sible* pour la bourgeoisie, (violence révolutionnaire
du prolétariat contre la bourgeoisie jusqu'à l'anéan-
tissement final de cette dernière). Voilà pourquoi,
par la position qu'il occupe en fait et quelles que
puissent être ses convictions subjectives, Kautsky est
inévitablement un laquais de la bourgeoisie.

La démocratie bourgeoise, tout en constituant dans
l'histoire un progrès immense sur le moyen âge, reste
toujours, et ne peut pas ne pas rester sous le régime
capitaliste, un régime étroit, étriqué, menteur, hypocrite, un paradis pour les riches, un piège et un leurre
pour les exploités et les pauvres. Voilà la vérité qui
fait le fond de la doctrine marxiste et que le
« marxiste » Kautsky n'a pas comprise. Dans cette
question fondamentale, Kautsky dépose mille amabi-
lités aux pieds de la bourgeoisie, au lieu d'analyser
scientifiquement les conditions qui font de toute démocratie bourgeoise une démocratie pour les riches.

Commençons par rappeler au savantissime Monsieur Kautsky les déclarations théoriques de Marx et
d'Engels, que notre érudit a « oubliées » à sa honte
pour le plus grand profit de la bourgeoisie; ensuite
nous tirerons la question au clair de façon plus terre

à terre. Non seulement l'Etat antique et féodal, mais « l'Etat représentatif moderne est un instrument d'exploitation du travail salarié par le capital » (citation d'Engels dans son ouvrage sur l'Etat). « Puisque l'Etat n'est qu'une institution transitoire dont il faut se servir dans la lutte, dans la révolution. pour abattre ses adversaires, c'est un pur non sens que de parler d'Etat populaire libre: tant que le prolétariat a *besoin* de l'Etat, il en a besoin non pas pour sauvegarder la liberté, mais pour écraser ses adversaires; lorsque le moment est venu de parler de liberté, l'Etat comme tel cesse·d'exister » (Engels dans la lettre à Bebel du 28 Mars 1875). « L'Etat n'est autre chose qu'une machine à abattre une classe entre les mains d'une autre classe, et cela sous la république démocratique non moins que sous la monarchie ». (Engels dans la préface de la « Guerre Civile » de Marx). « Le suffrage universel est l'indice de la maturité de la classe ouvrière. *Il ne peut donner et ne donnera jamais rien de plus dans l'Etat moderne* » (Engels dans son ouvrage sur l'Etat). Kautsky rabâche jusqu'à plus soif la première partie de cette thèse, admissible pour la bourgeoisie. Mais la deuxième, que nous avons soulignée, et qui n'est pas admissible pour la bourgeoisie, Kautsky le renégat l'a passée sous silence. « La Commune ne devait pas être une corporation parlementaire, mais un organe de travail, à la fois légiférant et exécutant ses propres lois... Au lieu de désigner une fois tous les trois ou tous les six ans le membre de la classe dominante appelé à représenter et à opprimer (ver-und zertreten) le peuple au parlement, le suffrage universel devait servir au peuple, à recruter, pour son entreprise organisée en communes, des ouvriers, des contremaîtres, des comptables, tout comme son droit.

d'élection individuel sert au même objet à n'importe quel patron » (Marx, dans son ouvrage sur la Commune de Paris, « La Guerre Civile en France »).

Chacune de ces thèses, bien connues de l'érudit Kautsky, le cingle au visage et dévoile sa trahison. Dans toute sa brochure, Kautsky ne dénote pas la moindre conception de ces vérités et d'un bout à l'autre il ne fait que se moquer du marxisme.

Prenez les lois fondamentales des Etats contemporains, prenez leur Gouvernement, prenez les libertés de réunion ou de presse, prenez « l'égalité des citoyens devant la loi », et vous verrez à chaque pas l'hypocrisie de la démocratie bourgeoise bien connue de tout travailleur honnête et conscient. Il n'y a pas d'Etat, même le plus démocratique, qui n'ait dans sa constitution quelque fissure ou quelque réserve fournissant à la bourgeoisie le moyen de lancer la troupe contre les ouvriers, de décréter l'état de siège, etc., « en cas de perturbation de l'ordre », entendez à la moindre tentative de la classe exploitée pour secouer son esclavage et essayer de se conduire en être humain. Kautsky farde sans vergogne la démocratie bourgeoise, et ne souffle mot des répressions dirigées par exemple contre les grévistes par les bourgeois les plus républicains et les plus démocrates d'Amérique et de Suisse.

Oh! non, le prudent et savant Kautsky n'en souffle mot. Il ne comprend pas, ce politique érudit, que le silence en l'occurence est une lâcheté. Il préfère berner les travailleurs en leur contant par exemple que démocratie veut dire « défense de la minorité ». Incroyable! mais c'est comme cela!

L'an 1918 après la naissance de J. C., dans la cinquième année de la boucherie impérialiste universelle et de l'étouffement dans toutes les « démocraties » du monde des minorités internationalistes, (je ne parle bien sûr pas des infâmes renégats du socialisme tels que les Renaudel et les Longuet, les Scheidemann et les Kautsky, les Henderson et les Webb, etc.), M. le savant Kautsky célèbre d'une voix mielleuse « la défense de la minorité ».

Si le cœur vous en dit, vous pouvez le lire en toutes lettres page 15 de la brochure de Kautsky. Et, à la page 16, ce savant personnage vous parlera des whigs et des tories du XVIIIᵉ siècle en Angleterre.

O érudition! O servilité raffinée devant la bourgeoisie! O manière raffinée de ramper sur le ventre devant les capitalistes et de leur lécher les bottes! Si j'étais Krupp, Scheidemann, Clemenceau ou Renaudel, je payerais des millions à M. Kautsky, je récompenserais ses baisers de Judas, je ferais son panégyrique devant les travailleurs, je prêcherais « l'unité de front socialiste » avec des gens aussi bornés que Kautsky. Ecrire des brochures contre la dictature du prolétariat, raconter l'histoire des whigs et des tories au XVIIIᵉ siècle en Angleterre, affirmer que la démocratie veut dire « défense de la minorité » et taire les massacres d'internationalistes organisés dans la république « démocratique » des Etats-Unis, est-ce que ce ne sont pas là des services de valet rendus à la bourgeoisie?

Le savant Kautsky a « oublié », sans doute par mégarde, une « bagatelle », à savoir que dans la démocratie bourgeoise le parti dominant ne confie la défense de la minorité qu'à un autre *parti bourgeois*, tandis que le prolétariat, lui, dans chaque question *sérieuse, profonde, fondamentale,* ne reçoit en guise de défense de la minorité que l'état de siège ou les massacres.

Plus la démocratie est développée et plus, en cas de divergence politique profonde et dangereuse pour la bourgeoisie, elle a des chances de tourner au massacre ou à la guerre civile. Cette « loi » de la démocratie bourgeoise, le savant monsieur Kautsky aurait pu l'observer à l'occasion de l'affaire Dreyfus dans la France républicaine, ou du lynchage des nègres et des internationalistes dans la république démocratique d'Amérique, par l'exemple de l'Irlande et de l'Ulster dans l'Angleterre démocratique, dans les persécutions et les massacres organisés contre les bolchéviks en avril 1917 dans la république démocratique russe. C'est exprès que je cite des exemples non seulement du temps de guerre, mais du temps de paix.

Le doucereux M. Kautsky se plaît à fermer les yeux sur ces faits du xx° siècle, mais en revanche, il débite aux travailleurs des choses étonnamment neuves, remarquablement intéressantes, inaccoutumées et instructives, incroyablement importantes sur les whigs et les tories du xviii° siècle.

Prenez le parlement bourgeois. Peut-on admettre que le savant Kautsky n'ait point ouï-dire que les parlements bourgeois sont dans une *dépendance* d'autant plus grande de la bourse et des banquiers, que la démocratie est plus *développée*. Il ne s'ensuit pas qu'il ne faille pas se servir du parlementarisme bourgeois, et les bolchéviks s'en sont servi avec succès plus qu'aucun autre parti du monde, puisque de 1912 à 1914 nous avons conquis toute la curie ouvrière dans la quatrième Douma. Mais il s'ensuit qu'il n'y a qu'un libéral capable d'oublier l'*étroitesse* et la *relativité* du parlementarisme bourgeois, comme le fait Kautsky. Dans l'état bourgeois le plus démocratique, les masses opprimées se heurtent à chaque pas à une contradic-

tion criante entre l'égalité *formelle*, proclamée par la
« démocratie » des capitalistes, et les milliers de restrictions et de complications réelles qui font des prolétaires des esclaves salariés. C'est précisément cette
contradiction qui ouvre les yeux des masses sur la
pourriture, la fausseté, l'hypocrisie du capitalisme.
C'est cette contradiction que les agitateurs et les pro-
pagandistes du socialisme découvrent sans relâche
aux masses, pour *les préparer* à la révolution. Et
lorsque l'ère de la révolution commence, Kautsky se
tourne vers elle et se met à célébrer les charmes de la
démocratie bourgeoise agonisante.

La démocratie prolétarienne, dont le régime soviétiste est une des formes, a donné à la démocratie un
développement et une extension inconnus au monde,
au profit de l'immense majorité de la population, au
profit des exploités et des travailleurs.

Ecrire tout un livre sur la démocratie, comme
Kautsky qui consacre deux pages à la dictature et des
dizaines de pages à la « démocratie pure », et *ne pas
remarquer* tout cela, c'est, en vrai libéral, complètement dénaturer les faits.

Prenez la politique extérieure. Pas un pays bourgeois, même le plus démocratique, où elle se fasse au
grand jour. Partout les masses sont bernées, et dans
la France démocratique, en Suisse, en Amérique et en
Angleterre, avec cent fois plus d'ampleur et de raffi-
nement qu'ailleurs. Le pouvoir soviétiste a déchiré
par les moyens révolutionnaires le voile qui cachait le
mystère de la politique extérieure. Kautsky ne l'a
point remarqué, il se tait là-dessus et pourtant à l'é-
poque des guerres spoliatrices et des traités secrets
sur les « sphères d'influence », c'est-à-dire sur le par-

tage du globe par les brigands capitalistes, ce fait a une importance capitale, car de lui dépendent la vie ou la mort de dizaines de millions d'hommes.

Prenez la structure de l'Etat. Kautsky s'en prend à des « minuties », comme les élections « indirectes » de la constitution soviétiste, mais il ne voit pas le fond de la question. Il ne remarque pas que l'appareil gouvernemental, la machine gouvernementale sont essentiellement des organes de classe. Dans la démocratie bourgeoise, au moyen de mille trucs d'autant plus ingénieux et plus efficaces que la « démocratie pure » est plus développée, on *écarte* les masses de la participation au gouvernement, de la liberté de réunion, de presse, etc. Le premier au monde — pour mieux dire le deuxième, car la Commune de Paris avait déjà commencé, — le Pouvoir des Soviets appelle les masses *exploitées* au gouvernement. Mille *barrières* empêchent les masses laborieuses de participer à un parlement bourgeois (et d'ailleurs, dans la démocratie bourgeoise, ce n'est jamais lui qui résout les questions capitales; c'est la bourse, les banques qui les décident), et les travailleurs savent et sentent à merveille, ils voient et ils touchent du doigt cette vérité, que le parlement bourgeois est une *institution étrangère*, un *instrument d'oppression* des prolétaires par la bourgeoisie, l'institution d'une classe hostile, d'une minorité d'exploiteurs.

Les Soviets sont l'organisation directe des travailleurs et des masses exploitées; elle leur donne toute *facilité* pour organiser l'Etat et le gouverner par tous les moyens possibles. L'avant-garde des travailleurs et des exploités, le prolétariat des villes, a l'avantage d'être le mieux uni, grâce aux grandes entreprises; il a plus de facilité pour élire et pour surveiller ses élus.

L'organisation soviétiste *facilite* automatiquement l'union de tous les travailleurs et exploités autour de leur avant-garde, le prolétariat. Le vieil appareil bourgeois, le fonctionnarisme, les privilèges de la fortune, de l'instruction bourgeoise, des relations, etc. (privilèges d'autant plus variés que la démocratie bourgeoise est plus développée), tout cela est supprimé avec l'organisation soviétiste. La liberté de la presse cesse d'être une hypocrisie, car les typographies et le papier sont enlevés à la bourgeoisie. De même pour les meilleurs édifices, les palais, les hôtels particuliers, les châteaux, etc. Le pouvoir soviétiste a d'un coup enlevé par milliers les meilleurs immeubles aux exploiteurs; de cette façon il a rendu mille fois plus « démocratique » le droit de réunion pour les masses, ce droit de réunion sans lequel la démocratie est un leurre. Les élections indirectes aux soviets centraux facilitent les congrès des soviets, rendent *tout* l'appareil moins coûteux, plus mobile, plus accessible aux travailleurs et aux paysans, dans un temps où la vie bouillonne et où il faut pouvoir sans délai rappeler son député local ou l'envoyer au congrès général des soviets.

La démocratie prolétarienne est mille fois plus démocratique que n'importe quelle démocratie bourgeoise; le pouvoir soviétiste est mille fois plus démocratique que la plus démocratique des républiques bourgeoises.

Pour ne pas remarquer cette vérité il faut être ou bien un valet conscient de la bourgeoisie, ou bien un homme politiquement mort, aveuglé sur la vie par la poussière des livres bourgeois, imprégné de préjugés démocratiques bourgeois et descendu en fait, par là même, au rôle de laquais de la bourgeoisie.

Pour ne pas remarquer cette vérité, il faut être incapable de *poser la question* du point de vue des classes *opprimées*.

Y a-t-il un seul pays au monde, parmi les pays bourgeois les plus démocratiques, dans lequel le simple ouvrier moyen ou le demi-prolétaire villageois, c'est-à-dire les représentants de la masse opprimée, de l'immense majorité de la population, jouissent de la *liberté* de tenir leurs réunions dans les meilleurs immeubles, de la *liberté* d'avoir, pour exprimer leurs idées et défendre leurs intérêts, les plus grandes imprimeries et les meilleurs stocks de papier, de la liberté de porter des hommes de leur classe au gouvernement et à la « construction » de l'Etat, et cela à un degré approchant un tant soit peu la Russie Soviétiste?

Il est ridicule même de penser que Kautsky pourrait trouver dans n'importe quel pays un ouvrier ou un ouvrier agricole sur mille qui, une fois informé, hésiterait sur la réponse à faire à cette question. A en juger d'après les bribes d'aveux échappés aux journaux bourgeois, les travailleurs du monde entier sympathisent d'instinct avec la République Soviétiste, parce qu'ils voient en elle la démocratie *prolétarienne*, la démocratie des *pauvres*, à l'encontre de la démocratie bourgeoise qui, même la meilleure, est toujours en fait une démocratie pour les riches.

Nous sommes gouvernés et notre Etat est toujours conduit par les fonctionnaires bourgeois, les parlementaires bourgeois, les juges bourgeois. Voilà la vérité pure, évidente, indiscutable que connaissent par leur expérience vécue, et que sentent et éprouvent chaque jour à leur détriment des dizaines et des centaines de millions d'hommes des classes opprimées dans tous les pays bourgeois, y compris les plus démocratiques.

Or, en Russie, on a mis en pièces l'appareil du fonctionnarisme, on n'en a pas laissé pierre sur pierre, on a chassé tous les anciens magistrats, dispersé le parlement bourgeois et donné aux ouvriers et aux paysans une représentation *infiniment plus accessible*, puisque *leurs* soviets ont remplacé les fonctionnaires, *leurs* soviets commandent aux fonctionnaires, *leurs* soviets élisent les juges. C'en est assez pour que toutes les classes opprimées reconnaissent le pouvoir des Soviets, c'est-à-dire la forme soviétiste de la dictature du prolétariat, mille fois plus démocratique que la plus démocratique des républiques bourgeoises.

Cette vérité, intelligible et évidente pour tout travailleur, Kautsky ne la comprend pas, car il a « oublié » de poser, il ne sait plus poser cette question: *pour quelle classe* la démocratie? Il raisonne avec la démocratie « pure » (c'est-à-dire sans classes? ou au-dessus des classes?) Il argumente comme Shylock: « une livre de viande », rien de plus. Egalité de tous les citoyens, sinon pas de démocratie.

Au savant Kautsky, au « marxiste » et au « socialiste » Kautsky, nous sommes obligés de demander :

Peut-il y avoir égalité entre l'exploité et l'exploiteur?

Il est monstrueux, il est incroyable qu'on en soit réduit à poser cette question à propos d'un livre du théoricien en chef de la IIe Internationale. Enfin, le vin est tiré, il faut le boire. Tu as entrepris d'écrire sur Kautsky, explique donc à cet érudit pourquoi il ne peut y avoir d'égalité entre l'exploiteur et l'exploité.

Peut-il y avoir égalité entre l'exploité et l'exploiteur ?

Kautsky raisonne ainsi:

1) « Les exploiteurs ont toujours constitué une infime minorité de la population » (p. 14).

Voilà une vérité incontestable. Comment donc faut-il raisonner, partant de cette vérité? On peut raisonner en marxiste, en socialiste: alors il faut prendre comme principe les rapports des exploités avec les exploiteurs. On peut raisonner en libéral, en démocrate bourgeois: il faut alors prendre pour base les rapports entre la majorité et la minorité.

Si l'on raisonne en marxiste, il faut dire: les exploiteurs ne manquent jamais de transformer l'Etat (il s'agit de la démocratie, c'est-à-dire d'une des formes de l'Etat) en instrument de domination de leur classe, celle des exploiteurs, sur les exploités. Par suite, l'Etat démocratique lui-même, tant qu'il y aura des exploiteurs régnant sur une majorité d'exploités, sera inévitablement la démocratie des exploiteurs. L'Etat des exploités doit se distinguer radicalement de cet Etat, il doit être la démocratie des exploités et *l'écrasement des exploiteurs;* or, l'écrasement d'une classe suppose l'inégalité au détriment de cette classe, son exclusion de la « démocratie ».

Si l'on raisonne en libéral, il faut dire: la majorité décide, la minorité se soumet. Les désobéissants sont punis. Voilà tout. Il n'y a pas à raisonner sur le caractère de classe de l'Etat en général et de la « démocratie pure » en particulier; cela n'a rien à faire avec la question, car la majorité c'est la majorité, la minorité reste la minorité. Une livre de viande c'est une livre de viande, et bonsoir!

C'est bien ainsi que raisonne Kautsky.

2) « Pour quels motifs la domination du prolétariat devrait-elle absolument revêtir une forme incompatible avec la démocratie? » (p. 21).

Puis il explique, très longuement et très minutieusement, à grand renfort de citations de Marx et de statistiques électorales de la Commune de Paris, que le prolétariat a pour lui la majorité. Conclusion: « Un régime aussi solidement enraciné dans les masses n'a aucune raison d'attenter à la démocratie. Il ne pourra pas toujours se passer de la force, s'il est des cas où la force est mise en œuvre pour abattre la démocratie. On ne peut répondre à la force que par la force. Mais un régime qui sait que les masses sont pour lui n'emploiera la force que pour *défendre* la démocratie, et non pour *l'anéantir*. Il commettrait un véritable suicide, s'il voulait évincer son fondement le plus sûr, le suffrage universel, source de toute autorité morale » (p. 22).

Vous le voyez: le rapport des exploités aux exploiteurs a disparu de l'argumentation de Kautsky. Il ne reste que la majorité, la minorité, la démocratie en général, cette fameuse « démocratie pure ».

Et tout cela, remarquez-le bien, *à propos de la Commune de Paris!* Citons donc pour plus d'évidence les jugements de Marx et d'Engels sur la dictature *à propos de la Commune:*

Marx: « Si les travailleurs installent leur dictature révolutionnaire à la place de la dictature bourgeoise..., afin de briser la résistance de la bourgeoisie..., les travailleurs donnent à l'Etat une forme révolutionnaire et transitoire... ».

Engels: « Le parti qui est sorti vainqueur (dans la révolution) est dans la nécessité de maintenir sa domination au moyen de la terreur que ses armes inspirent aux réactionnaires. Si la Commune de Paris ne s'était pas appuyée sur l'autorité du peuple armé contre la bourgeoisie, est-ce qu'elle aurait tenu plus d'un jour? N'avons-nous pas le droit, au contraire, de blâmer la Commune d'avoir trop peu fait usage de cette autorité? »

Engels encore: « Puisque l'Etat n'est qu'une institution transitoire qu'il faut mettre à profit dans la lutte, dans la révolution, pour abattre ses adversaires, c'est un pur non-sens de parler d'Etat populaire libre: tant que le prolétariat a besoin de l'Etat, il en a besoin non pas dans l'intérêt de la liberté, mais dans l'intérêt de l'écrasement de ses adversaires, et lorsqu'il devient possible de parler de liberté, l'Etat, comme tel, cesse d'exister... »

Entre Kautsky d'un côté et Marx et Engels de l'autre, il y a un abîme, tout comme entre un libéral et un révolutionnaire prolétaire. La démocratie pure et la démocratie sans plus dont parle Kautsky, tout cela n'est que la paraphrase de ce même « Etat populaire libre », c'est-à-dire n'est qu'un pur non-sens.

Avec l'érudition d'un savantissime imbécile de cabinet, ou bien avec la candeur d'une fillette de dix ans, Kautsky demande: à quoi bon la dictature, du moment qu'on a la majorité?

Marx et Engels nous l'expliquent:

Pour briser la résistance de la bourgeoisie.

Pour frapper de terreur les réactionnaires.

Pour maintenir l'autorité du peuple armé contre la bourgeoisie.

Pour que le prolétariat puisse abattre par la force ses adversaires.

Kautsky n'entend rien à ces explications. Amouraché de la démocratie « pure » dont il ne voit pas le caractère bourgeois, il soutient avec une belle logique que la majorité, du moment qu'elle est majorité, n'a pas besoin de briser la résistance de la minorité, de l'abattre par la force, il lui suffit de réprimer les *cas* isolés de violation de la démocratie. Epris de la démocratie « pure », Kautsky commet *par mégarde* la même petite erreur que font toujours tous les démocrates bourgeois: il prend pour une égalité réelle l'égalité de forme, qui n'est qu'un mensonge et une hypocrisie sous le régime capitaliste! Bagatelle!

L'exploiteur ne peut être l'égal de l'exloité.

Cette vérité, si désagréable qu'elle soit à Kautsky, fait le fond, la substance même du socialisme.

Autre vérité: il ne peut y avoir d'égalité réelle, efficace, tant que n'est pas absolument anéantie toute possibilité d'exploitation d'une classe par une autre.

On peut défaire d'un coup les exploiteurs, par une insurrection heureuse au centre ou par une révolte des troupes; mais, à part des cas très rares et exceptionnels, on ne peut anéantir d'un coup les exploiteurs. On ne peut d'un coup exproprier tous les propriétaires et les capitalistes d'un pays de quelque étendue. En outre, l'expropriation à elle seule, en tant qu'acte juridique ou politique, ne résout pas, tant s'en faut, le problème, car il faut dans la pratique *supplanter* les grands propriétaires et les capitalistes, les *remplacer* en fait par un mode nouveau d'exploitation, l'exploitation ouvrière des fabriques et des propriétés. Il ne peut y avoir d'égalité entre les exploiteurs à qui, depuis de longues générations, l'instruction, la richesse et les habitudes acquises ont fait une place à part. et les exploités dont la masse, même dans les républiques bourgeoises les plus avancées et les plus démocratiques, reste opprimée, inculte, ignorante, apeurée et sans cohésion. Longtemps après la révolution, les exploiteurs conservent inévitablement une multitude d'avantages considérables: il leur reste l'argent (on ne peut pas supprimer l'argent d'un coup), une fortune mobilière plus ou moins considérable, des relations, un savoir-faire d'organisation et d'administration, la connaissance de tous les « mystères » de l'administration (coutumes, méthodes, procédés, possibilités), il leur reste une instruction plus poussée, des affinités avec le haut personnel technique, qui vit et pense à la mode bourgeoise; il leur reste une expérience infiniment supérieure de l'art militaire, ce qui est très important, etc., etc.

Si les exploiteurs ne sont abattus que dans un pays, et c'est le cas général. car la révolution simultanée dans une série de pays est une exception très rare, ils restent *quand même plus forts* que les exploités, grâce à leurs puissantes relations internationales. Que, du reste, une partie des exploités parmi la masse des paysans moyens, des artisans, etc. les moins développés, marche et puisse marcher pour les exploiteurs, c'est un fait prouvé par *toutes* les révolutions jusqu'ici, y compris la Commune, puisque parmi les Versaillais il y avait aussi des prolétaires, ce qu'a « oublié » le très savant Kautsky.

Dès lors, supposer que dans une révolution un tant soit peu sérieuse et profonde, la solution du problème dépende du rapport de la majorité à la minorité, c'est une stupidité colossale et un sot préjugé de vulgaire libéral, c'est tromper les masses en leur cachant sciemment une vérité historique. Cette vérité historique est la suivante: la règle est que, dans *toute* révolution profonde, les exploiteurs opposent une résistance *prolongée, acharnée, désespérée*, et gardent pendant de longues années de gros avantages de fait sur les exploités. C'est dans l'imagination fade du fade benêt Kautsky que les exploiteurs se soumettent à la volonté de la majorité des exploités avant d'avoir essayé leur supériorité dans une lutte dernière et désespérée, dans une série de batailles.

C'est toute une époque historique que le passage du capitalisme au communisme. Tant qu'elle ne sera pas terminée, les exploiteurs garderont inévitablement l'espoir d'une restauration, et cet espoir se traduira par des *tentatives* de restauration. A la suite d'une première défaite sérieuse, les exploiteurs renversés qui ne s'attendaient pas à leur renversement, qui n'y croyaient pas, qui n'en concevaient même pas l'idée, redoublent d'énergie, de passion furieuse et de haine, et se jettent dans la lutte pour recouvrer le « paradis » perdu et rendre à leurs familles, condamnées maintenant par la « racaille populaire » à la ruine et à la misère, (c'est-à-dire tout simplement au « travail... ») les anciennes douceurs de l'existence. Derrière les exploiteurs capitalistes marche une longue file de petits bourgeois que l'expérience historique de plusieurs dizaines d'années montre dans tous les pays hésitants et chancelants, aujourd'hui pour le prolétariat, demain effrayés des difficultés de la révolution, tombant dans la panique après les premiers revers ou demi-revers des travailleurs, s'énervant, perdant la tête, pleurnichant et courant d'un camp dans un autre..., tels nos menchéviks et nos s.-r.

Dans ces conditions, lorsque la guerre s'envenime et s'exaspère, lorsque l'histoire met à l'ordre du jour la question de vie ou de mort pour les privilèges séculaires et millénaires, parler de majorité et de minorité, de démocratie pure, d'inutilité de la dictature, d'égalité entre exploiteurs et exploités! quel abîme de stupidité, quel abîme de pharisaïsme il faut pour cela!

Il faut vraiment que cette longue période de capitalisme relativement « pacifique » qui s'étend de 1871 à 1914 ait créé dans les partis socialistes infectés d'opportunisme de vraies écuries d'Augias de pharisaïsme, de sottise et de trahison.

Le lecteur aura sans doute remarqué que, dans le passage de son ouvrage cité plus haut, Kautsky parle d'attentat contre le suffrage universel, qu'il appelle, soit dit entre parenthèses, la source profonde de toute autorité morale puissante, alors que, à propos de la Commune de Paris et de cette même question de la dictature, Engels parle de l'autorité du peuple en armes contre la bourgeoisie. Comparez les idées d'un philistin et d'un révolutionnaire sur « l'autorité... »

Il faut remarquer que le fait de priver les exploiteurs du droit de vote est une question exclusivement *russe*, et non la question de la dictature du prolétariat en général. Si Kautsky avait sans hypocrisie intitulé sa brochure: « Contre les Bolchéviks », ce titre correspondrait au contenu de la brochure et Kautsky aurait alors le droit de parler du suffrage universel. Mais Kautsky a voulu se conduire avant tout en « théoricien ». Il a intitulé sa brochure: « Dictature du prolétariat » *en général*. Il ne parle des Soviets et de la Russie en particulier que dans la deuxième partie de la brochure, à partir du paragraphe 5. Dans la première partie (d'où j'ai tiré ma citation) il est question de *démocratie* et de *dictature* en général. En traitant du droit de vote, Kautsky *s'est trahi* comme polémiste ennemi des bolchéviks, *sans aucun respect de la théorie*. La théorie en effet, c'est-à-dire l'étude des relations de classe sur lesquelles reposent en général, et non dans tel cas ou tel pays particulier, la démocratie et la dictature, doit porter non sur une question spéciale comme celle du droit électoral, mais sur cette question générale : la démocratie peut-elle être maintenue *pour les riches et pour les exploiteurs* dans la période historique caractérisée par le renversement des exploiteurs et le remplacement de leur Etat par l'Etat des exploités?

C'est ainsi et seulement ainsi qu'un théoricien peut poser la question.

Nous connaissons l'exemple de la Commune, nous connaissons tous les raisonnements des fondateurs du marxisme sur elle et à son sujet. A l'aide de ces matériaux, j'ai analysé par exemple la question de la démocratie et de la dictature dans ma brochure « L'Etat et la Révolution », écrite avant la révolution de novembre. *Je n'ai pas dit un mot* des restrictions du droit électoral. Actuellement, il faut dire que la question de la restriction du suffrage universel est une question spéciale et nationale et non pas une question générale de la dictature. Il faut aborder la question des restrictions au suffrage universel, en considérant les *conditions spéciales* de la révolution russe, son processus *spécial* de développement. C'est ce que nous ferons dans la suite de notre exposé. Mais ce serait une erreur de se porter garant à l'avance que les révolutions prolétariennes de demain en Europe apporteront nécessairement, toutes ou la plupart d'entre elles, des restrictions aux droits électoraux de la bourgeoisie. C'est bien possible. Après la guerre et après l'expérience de la révolution russe, il en sera vraisemblablement ainsi, mais ce n'est *pas indispensable* pour la dictature, ce n'est pas un *indice indispensable* du concept logique de dictature, ni une *condition indispensable* de la notion historique de dictature de classe.

Le signe indispensable, la condition nécessaire à la dictature, c'est *l'écrasement* par la force des exploiteurs comme classe et, par suite, la *violation* de la « démocratie pure », c'est-à-dire de l'égalité et de la liberté, à *l'égard de cette classe.*

C'est ainsi et seulement ainsi que la question peut être posée au point de vue théorique. Et Kautsky, en la posant autrement, a montré qu'en attaquant les bolcheviks il agissait non pas en adversaire théorique, mais en sycophante complice des opportunistes et de la bourgeoisie.

Dans quel pays, dans quelles conditions particulières de nationalité ou de développement capitaliste, dans quelle mesure enfin sera appliquée telle ou telle restriction, telle ou telle violation de la démocratie au détriment des exploiteurs, cela dépend des particularités nationales de tel ou tel capitalisme, de telle ou telle révolution. Théoriquement, la question est tout autre et elle se pose ainsi: la dictature du prolétariat est-elle possible *sans violation de la démocratie au détriment de la classe des exploiteurs ?*

Cette question, la seule importante et essentielle en théorie, Kautsky l'a éludée. Il cite toutes sortes de passages de Marx et d'Engels, *sauf* ceux qui traitent de la question et que nous avons rapportés plus haut.

Kautsky vous entretient de tout ce que vous voulez,

de tout ce qui flatte les libéraux et les démocrates bourgeois sans sortir de leur cercle d'idées, sauf du principal, à savoir que le prolétariat ne peut triompher qu'à condition de *briser la résistance* de la bourgeoisie et d'*écraser par la force ses adversaires*, et que, là où il y a « écrasement par la force », il n'y a pas de liberté, partant *pas de démocratie*.

Cela, Kautsky ne l'a pas compris.

Passons à l'expérience de la révolution russe et au conflit entre les Soviets et l'Assemblée Constituante lequel a entraîné la dissolution de la Constituante et la privation de la bourgeoisie du droit électoral.

Défense aux soviets de se transformer en organisations d'État

Les Soviets sont la forme russe de la dictature prolétarienne. Si un théoricien marxiste, dans un ouvrage sur la dictature du prolétariat, avait étudié à fond ce phénomène, au lieu de répéter les lamentations de la petite bourgeoisie, comme le fait Kautsky en fredonnant toutes les mélodies menchévistes, ce théoricien aurait commencé par définir la dictature, puis il en aurait considéré sa forme spéciale nationale, les Soviets, et en aurait fait l'analyse comme d'une des formes de la dictature du prolétariat.

On comprend qu'il n'y ait rien de sérieux à attendre de Kautsky après sa « révision » libérale de la doctrine de Marx sur la dictature. Mais il est extrêmement significatif de voir par quel bout il aborde la question des Soviets et comment il s'en tire.

Les Soviets, écrit-il en rappelant leur apparition en 1905, ont créé une « forme d'organisation prolétarienne la plus compréhensible (umfassendste) de toutes, car cette organisation a embrassé tous les travailleurs salariés » (p. 31). En 1905, les soviets n'étaient que des organisations locales, en 1917 ils sont devenus une confédération des travailleurs de toute la Russie.

« Dès maintenant, poursuit Kautsky, l'organisation soviétiste possède une histoire grande et glorieuse. Une histoire plus grande encore lui est réservée, et non pas seulement en Russie. Il est visible partout que, contre les forces colossales dont dispose le capital financier dans les domaines économique et politique, les anciennes méthodes de lutte économique et politique du prolétariat sont insuffisantes (« versagen »; le mot allemand dit un peu plus que « insuffisant » et un peu moins que « impuissant »). Il ne faut pas y renoncer; elles restent nécessaires en temps normal, mais elles se trouvent parfois en présence de problèmes qu'elles sont impuissantes à résoudre, de problèmes dont ne peut venir à bout que l'union de toutes les forces politiques et économiques de la classe ouvrière » (p. 32).

Ensuite vient une dissertation sur la grève générale; après quoi il affirme que la « bureaucratie des syndicats professionnels », aussi indispensable que les syndicats eux-mêmes, « ne convient pas pour diriger les gigantesques batailles sociales qui de plus en plus deviennent un signe des temps... »

« ... Ainsi donc, conclut Kautsky, l'organisation soviétiste est un des phénomènes les plus graves de notre époque. Elle promet d'avoir une importance capitale dans les grandes batailles décisives au devant desquelles nous allons entre le capital et le travail.

« Mais avons-nous le droit de demander encore davantage aux Soviets? Les bolchéviks qui, après la révolution de novembre (c'est-à-dire d'octobre, selon le style russe) 1917, eurent avec les socialistes-révolutionnaires de gauche la majorité dans les Soviets de Députés Ouvriers, se sont mis à l'œuvre, après la dissolution de l'Assemblée Constituante, pour faire du Soviet, qui était jusqu'alors *l'organisation de combat d'une classe*, une *organisation d'Etat*.

« Ils ont anéanti la démocratie que le peuple russe avait conquise par la révolution de mars (de février selon le style russe). C'est pourquoi les bolchéviks ont cessé de s'apeler *social-démocrates* pour s'intituler *communistes* » (p. 33, souligné par Kautsky).

Il suffit de connaître la littérature menchéviste russe pour voir que Kautsky recopie servilement Martov, Axelrod, Stein et C¹ᵉ. « Servilement » est bien le mot, car il dénature les faits d'une façon grotesque au profit des préjugés menchévistes. Kautsky ne s'est aucunement soucié, par exemple, de se renseigner auprès de ses informateurs, tels que Stein de Berlin ou Axelrod de Stockholm, pour savoir à *quel moment* ont été soulevées les questions du changement du nom de bolchévik en celui de communiste et de la constitution des Soviets en organisations d'Etat. S'il avait pris ce simple renseignement, Kautsky n'aurait pas écrit ces lignes qui le rendent ridicule: ces deux questions ont été soulevées par les bolchéviks en avril 1917, notamment dans mes « thèses » du 4 avril 1917, c'est-à-dire *bien longtemps* avant la révolution de novembre 1917 (et à plus forte raison avant la dispersion de la Constituante le 5 janvier 1918).

Le raisonnement de Kautsky que j'ai reproduit en entier est le *clou* de toute la question des Soviets. La question est en effet la suivante: ou bien les Soviets doivent tendre à devenir des organisations d'Etat (dès avril 1917, les bolchéviks ont lancé la formule: « Tout le pouvoir aux Soviets », et dans la conférence du parti, en avril 1917, les bolchéviks ont déclaré qu'ils ne s'accommoderaient pas d'une république parlementaire bourgeoise, mais qu'ils réclamaient une république des ouvriers et des paysans sur le type de la Commune ou des Soviets) *ou bien* les Soviets ne doivent pas chercher à s'emparer du pouvoir, ne doivent pas devenir des organisations d'Etat, mais doivent rester « les organisations de combat d'une « classe », comme s'exprimait Martov, masquant sous l'apparence trompeuse de ce désir innocent le fait que les Soviets, sous la direction menchéviste, n'étaient qu'un instrument *d'assujettissement des travailleurs à la bourgeoisie.*

Kautsky a répété servilement les paroles de Martov, prenant des *fragments* de la dispute théorique des bolchéviks avec les menchéviks et les transportant sans critique et sans jugement sur le terrain philosophique général, sur le terrain européen. Il en résulte un gâchis capable de provoquer chez tout travailleur russe conscient, si seulement il avait connaissance de ces raisonnements de Kautsky, un rire homérique.

Les travailleurs d'Europe (à l'exception d'une poignée de social-impérialistes endurcis) accueilleront Kautsky du même éclat de rire, quand nous leur expliquerons de quoi il s'agit.

En répétant l'erreur de Martov et en l'exagérant jusqu'à l'absurde avec une rare évidence, Kautsky a rendu à Martov le service de l'ours de la fable. Voyez plutôt ce que cela devient chez lui.

Les Soviets embrassent tous les travailleurs salariés.

Contre le capital financier, les anciennes méthodes de lutte économique et politique du prolétariat sont insuffisantes. Les Soviets sont appelés à jouer un rôle immense et pas seulement en Russie. Dans les grandes batailles décisives entre le capital et le travail en Europe, ils joueront un rôle capital. C'est Kautsky qui parle.

Fort bien. « Les batailles décisives entre le capital et le travail » ne résoudront-elles pas la question de savoir laquelle de ces classes s'emparera du pouvoir dans l'Etat?

Pas du tout. Dieu nous en préserve!

Dans les batailles « décisives », ces associations, qui embrassent tous les travailleurs salariés, *ne doivent pas devenir une organisation d'Etat!*

Or, qu'est-ce que l'Etat?

L'Etat n'est autre chose qu'une machine à écraser une classe par une autre.

Ainsi la classe opprimée, l'avant-garde de tous les travailleurs et de tous les exploités dans la société actuelle, doit aspirer aux « batailles décisives entre le capital et le travail », mais *elle ne doit pas toucher* à la machine, à l'instrument dont le capital se sert pour opprimer le travail! *Elle ne doit pas* mettre en œuvre l'organisation qui embrasse tous ses membres *pour écraser les exploiteurs!*

Parfait, à merveille! monsieur Kautsky! « Nous » reconnaissons la lutte de classe, comme la reconnaissent tous les libéraux, c'est-à-dire sans renverser la bourgeoisie!...

C'est ici que devient totale la rupture de Kautsky avec le marxisme et avec le socialisme. On ne peut pas mieux prendre le parti de la bourgeoisie, prête à tout admettre, sauf la transformation des organisations de la classe opprimée par elle en organisations d'Etat. Kautsky dès lors est perdu, impossible désormais de concilier et de résoudre avec des phrases toutes les contradictions.

Ou bien Kautsky s'oppose à ce que le pouvoir d'Etat passe aux mains de la classe ouvrière, ou bien il admet que la classe ouvrière prenne en main la vieille machine d'Etat bourgeoise, mais sans lui permettre aucunement de la briser, de la détruire et de la remplacer par une nouvelle, par la machine prolétarienne. Qu'on « explique », qu'on « interprète » comme on voudra le raisonnement de Kautsky, dans les deux cas la rupture avec le marxisme et la désertion du côté de la bourgeoisie sont évidentes.

Dans le *Manifeste Communiste*, en indiquant quel Etat il faut à la classe ouvrière victorieuse, Marx écrivait déjà: « L'Etat, c'est-à-dire le prolétariat organisé comme classe dominante ». Et voici un homme qui se prétend toujours marxiste, et qui déclare que le prolétariat unanimement organisé et menant la « lutte décisive » contre le capital *ne doit pas* faire de son organisation une organisation d'Etat. « Une foi superstitieuse en l'Etat », dont Engels écrivait en 1891 qu'elle s'était « emparée en Allemagne de la conscience de la bourgeoisie et même d'un grand nombre d'ouvriers », voilà ce dont fait preuve Kautsky. Battez-vous, ouvriers, notre philistin y « consent » (les bourgeois aussi y « consentent » du moment que, bon gré, mal gré, les travailleurs ont ouvert la lutte et qu'il n'y a plus qu'à chercher comment émousser le tranchant de leur glaive), battez-vous, mais *défense à vous de vaincre!* Ne démolissez pas la machine d'Etat de la bourgeoisie, ne dressez pas à la place de l' « organisation d'Etat » bourgeoise l'organisation d'Etat *prolétarienne!*

Quiconque partage sérieusement l'idée de Marx que l'Etat n'est autre chose qu'une machine à écraser une classe par une autre, quiconque a quelque peu approfondi cette vérité, n'aura jamais l'absurdité de dire que les organisations prolétariennes, capables d'abattre le capital financier, ne doivent pas se transformer en organisations d'Etat. En cela encore s'est montré le petit bourgeois pour qui l'Etat reste « quand même » une entité en dehors ou au-dessus des classes. En effet, pourquoi serait-il permis au prolétariat, à « *une classe* », de mener une lutte décisive contre le *capital*, qui règne non seulement sur le prolétariat mais sur le peuple tout entier, sur toute la petite bourgeoisie, sur toute la classe paysanne, mais ne lui serait-il pas permis à cette « *classe* », de transformer son organisation en organisation d'Etat, sinon parce que le petit bourgeois *a peur* de la guerre de classe et ne la mène pas jusqu'au bout, *jusqu'au principal.*

Kautsky s'est complètement enferré, il a trahi sa véritable physionomie. Remarquez, il avoue lui-même que l'Europe va à la rencontre de batailles décisives entre le capital et le travail et que les anciennes méthodes du prolétariat dans la lutte économique et politique sont inefficaces. Or, ces méthodes consistent précisément à faire usage de la démocratie *bourgeoise.* Par conséquent?...

Kautsky a redouté cette conséquence logique.

...Par conséquent, il faut être un réactionnaire, un

ennemi de la classe ouvrière, un mercenaire de la bourgeoisie, pour se complaire actuellement à peindre les charmes de la démocratie bourgeoise et à bavarder sur la démocratie pure, en invoquant un passé qui a fait son temps. La démocratie bourgeoise *a été* un progrès par rapport au moyen âge et il fallait en faire usage. Mais actuellement elle est *insuffisante* pour la classe ouvrière. Ce n'est pas en arrière qu'il faut regarder, mais en avant, et la démocratie bourgeoise doit céder son tour à la démocratie *prolétarienne*. S'il a été possible et même nécessaire d'accomplir dans les cadres de l'Etat démocratique bourgeois le travail préparatoire à la révolution prolétarienne, à l'instruction et à la formation de l'armée prolétarienne, du moment que nous en sommes venus aux « batailles décisives », renfermer le prolétariat dans ces cadres, c'est trahir la cause prolétarienne, c'est commettre une apostasie.

Kautsky a commis une bévue particulièrement ridicule, puisqu'il répète l'argument de Martov, *sans voir* que cet argument, chez Martov, s'appuie sur *un autre* argument, qui n'est pas chez Kautsky! Martov dit, et Kautsky répète après lui, que la Russie n'est pas mûre pour le socialisme, d'où il découle naturellement: il est trop tôt pour transformer les Soviets d'instruments de combat en organisations d'Etat (lisez: il est opportun de transformer les Soviets, à l'aide des chefs menchéviks, en organes d'assujettissement des travailleurs à la bourgeoisie impérialiste). Or Kautsky, lui, *ne peut pas* dire franchement que l'Europe n'est pas mûre pour le socialisme. Kautsky écrivait en 1909, avant d'être renégat, qu'il ne faut pas avoir peur d'une révolution *prématurée*, que ce serait une trahison de renoncer à la révolution par peur de la défaite. Kautsky n'ose pas se rétracter directement. Il en résulte un non-sens qui met à jour toute la sottise et la poltronnerie du petit-bourgeois: d'une part, l'Europe est mûre pour le socialisme et elle s'achemine vers les batailles décisives du travail contre le capital; d'autre part, *défense* de transformer *l'instrument de combat*, c'est-à-dire un organe en train de se former, de se fortifier, de se tremper dans la lutte, l'instrument de combat du prolétariat, avant-garde, organisateur en chef des opprimés, en organisation d'Etat!

Au point de vue politique pratique, l'idée que les Soviets sont nécessaires comme organisation de combat, mais ne doivent pas se transformer en organisations d'Etat, est infiniment plus absurde encore qu'au point de vue théorique. Même en temps de paix, alors qu'on n'est pas en présence d'une situation révolutionnaire, la lutte en masse des ouvriers contre les capitalistes, la grève générale par exemple, provoque des deux côtés un acharnement effrayant, une ardeur au combat extraordinaire, la bourgeoisie s'obstine à répéter qu'elle reste et veut rester « maîtresse chez elle », etc. A plus forte raison en période révolutionnaire, quand la vie politique bouillonne, une organisation comme les Soviets, qui embrasse *tous* les ouvriers, *toutes les* branches d'industrie, ensuite *tous* les soldats et *toute* la population laborieuse et pauvre des campagnes, est amenée par la force des choses, par la marche du combat, par la simple « logique » de l'action et de la réaction, à poser la question *de front*. Tenter de prendre une position neutre, chercher à « concilier » le prolétariat et la bourgeoisie, c'est une sottise vouée d'avance à un échec pitoyable: c'est le sort qu'ont subi en Russie toutes les prédications de Martov et autres menchéviks, c'est ce qui arrivera inévitablement en Allemagne aussi et dans les autres pays, pour peu que les Soviets se développent, s'unissent et se fortifient. Dire aux Soviets: « Luttez mais gardez-vous de prendre en mains tout le pouvoir d'Etat, gardez-vous de devenir des organisations d'Etat », cela revient à prêcher la collaboration des classes et la « paix sociale » entre le prolétariat et la bourgeoisie. Il est ridicule même de penser qu'une semblable position dans une lutte acharnée puisse aboutir à autre chose qu'à une faillite honteuse. C'est le sort éternel de Kautsky d'être assis toujours entre deux chaises. Il fait semblant de n'avoir rien de commun avec les opportunistes en théorie, mais en fait et *en pratique*, dans toutes les questions essentielles, c'est-à-dire en tout ce qui concerne la révolution, il est d'accord avec eux.

L'Assemblée Constituante et la République Soviétique

La question de l'Assemblée Constituante et de sa dispersion par les bolchéviks, voilà le clou de toute la brochure de Kautsky. Il y revient constamment. Tout l'ouvrage du théoricien de la IIe Internationale est rempli d'allusions à ce que les bolchéviks « ont anéanti la démocratie » (voir plus haut la citation de Kautsky). La question est en effet intéressante et importante, parce que le problème des rapports entre la démocratie bourgeoise et la démocratie prolétarienne s'est posé devant la révolution de façon *pratique*.

Voyons donc comment notre « théoricien marxiste » considère cette question.

Il cite mes « Thèses sur l'Assemblée Constituante », publiées dans la *Pravda* le 26. XII. 1917. Il semblerait impossible d'attendre une meilleure preuve du sérieux avec lequel Kautsky aborde son sujet, documents en mains. Mais voyons un peu *comment* Kautsky cite. Il ne dit pas que ces thèses étaient au nombre de 19, il ne dit pas qu'elles renfermaient aussi bien la question des rapports de la république bourgeoise ordinaire et de la République des Soviets avec une Assemblée Constituante, que l'historique de la discordance dans notre révolution entre l'Assemblée Constituante et la dictature du prolétariat. Kautsky laisse tout cela de côté et se contente de dire au lecteur que parmi ces thèses « deux d'entre elles ont une particulière importance » : l'une, que les s.-r. se sont fractionnés après les élections à l'Assemblée Constituante, mais avant sa convocation (Kautsky ne dit pas que cette thèse est la cinquième); l'autre, que la République des Soviets est une forme démocratique plus parfaite que l'Assemblée Constituante (Kautsky ne dit pas que cette thèse est la troisième).

Et de cette troisième thèse seulement, Kautsky cite en entier une partie, à savoir la proposition suivante:

« La République des Soviets est non seulement une forme plus parfaite du type démocratique (en comparaison avec la république bourgeoise *ordinaire* dont l'Assemblée Constituante est le couronnement) mais elle est la seule forme capable d'assurer avec le minimum de secousses (1) le passage au socialisme ».

---

(1) Kautsky cite à plusieurs reprises cette expression « avec le minimum de secousses » avec des prétentions à l'ironie. Mais comme il n'y réussit pas, quelques pages plus loin il fait un escamotage et

(Kautsky a omis le mot « ordinaire » et les mots d'introduction de la thèse: « pour le passage du régime bourgeois au régime socialiste, pour la dictature du prolétariat »).

Après cette citation, Kautsky s'écrie avec une ironie superbe:

« Le malheur est qu'on n'en est venu à cette conclusion qu'après avoir été en minorité dans l'Assemblée Constituante. Personne auparavant ne réclamait l'Assemblée Constituante plus bruyamment que Lénine ».

Voilà ce qui est dit textuellement à la page 31 du livre de Kautsky. C'est une vraie perle. Il n'y a qu'un complice de la bourgeoisie pour présenter les faits aussi faussement et pour donner au lecteur l'impression que les discours des bolchéviks sur le type d'Etat le plus parfait sont une défaite, à laquelle ils n'ont eu recours *qu'après* s'être vus en minorité dans l'Assemblée Constituante! Un mensonge aussi ignoble ne pouvait venir que d'un malhonnête homme, vendu à la bourgeoisie ou, ce qui est exactement la même chose, informé par P. Axelrod et cachant ses informateurs.

Tout le monde sait en effet que, dès le premier jour de mon arrivée en Russie, le 4 avril 1917, j'ai lu en public des thèses dans lesquelles je proclamais la supériorité d'un Etat du type de la Commune sur la république parlementaire bourgeoise. Ensuite, à

cite à faux: « sans secousses ». Avec de pareils moyens il est aisé de faire dire un non-sens à son adversaire. Cela permet en outre de laisser de côté le fond de l'argument; le passage au socialisme avec le minimum de secousses n'est possible que par l'organisation unanime des pauvres (Soviets) et par le concours du pouvoir central du prolétariat à cette organisation.

maintes reprises j'ai répété la même chose dans la presse, par exemple dans une brochure sur les partis politiques qui a été traduite en anglais et qui a paru en Amérique en janvier 1918, dans l'*Evening Post*, journal de New-York. De plus, la Conférence du parti bolchévik à la fin d'avril 1917 adopta une résolution portant que la république des paysans et des prolétaires est supérieure à la république parlementaire bourgeoise, que notre parti ne s'accommodera pas de cette dernière et que le programme du parti doit être modifié en conséquence.

Comment qualifier après cela la sortie de Kautsky, osant affirmer aux lecteurs allemands que je réclamais bruyamment la convocation de l'Assemblée Constituante, et que c'est seulement après que les bolchéviks y furent restés en minorité que j'ai attenté à la majesté et à la dignité de l'Assemblée Constituante? Comment excuser pareille imposture? (1) Kautsky n'était pas au courant des faits? Alors, il ne fallait pas se mêler d'écrire! Ou du moins il devait loyalement avouer « j'écris, moi Kautsky, d'après les informations des menchéviks Stein, P. Axelrod et Cie ». Mais non, Kautsky, en prétendant être objectif, ne cherche qu'à dissimuler son rôle de valet des menchéviks furieux de leur défaite.

Mais ce ne sont que des boutons; les fleurs viennent ensuite.

Admettons que Kautsky n'ait pas voulu ou n'ait pas pu (??) se procurer par ses informateurs la traduction des résolutions des bolchéviks et leurs déclarations disant que la république démocratique bour-

---

(1) Du reste la brochure de Kautsky abonde en impostures menchévistes de ce genre. C'est le pamphlet d'un menchévik enragé.

geoise ne les satisfait point. Admettons même l'invraisemblable. Mais mes thèses du 26 décembre 1917 sont directement mentionnées par Kautsky à la page 30 de son livre.

Ces thèses, Kautsky les connaît-il en entier, ou bien n'en sait-il que ce que lui ont traduit Steïn, Axelrod et Cⁱᵉ? Kautsky cite la troisième thèse sur la question *fondamentale*, à savoir que les bolchéviks ont eu conscience *avant* les élections à l'Assemblée Constituante et ont dit *au peuple* que la République des Soviets était plus parfaite que la république bourgeoise. *Mais de la deuxième thèse Kautsky ne souffle mot.*

Or, cette deuxième thèse porte:

« Tout en réclamant la convocation de l'Assemblée Constituante, la social-démocratie révolutionnaire, dès le début de la révolution de 1917, *a souligné à maintes reprises* que la *République des Soviets est une forme de démocratie plus parfaite que la république bourgeoise ordinaire avec une Assemblée Constituante* » (le passage souligné est de moi).

Pour mieux représenter les bolchéviks comme des gens sans principes, des « opportunistes révolutionnaires » (cette expression se trouve quelque part, je ne sais plus à quel propos, dans le livre de Kautsky), Monsieur Kautsky *a caché aux lecteurs allemands* que mes thèses font mention de déclarations répétées « à maintes reprises ».

Tels sont les misérables et méprisables expédients auxquels a recours M. Kautsky. Cela lui permet d'esquiver la question *théorique.*

Est-il vrai ou non que la république démocratique parlementaire et bourgeoise est *inférieure* à une république du type de la Commune ou des Soviets? C'est là le nœud de la question, mais Kautsky l'a laissé de côté. Tout ce que Marx a donné dans son analyse de la Commune de Paris, Kautsky l'a « oublié ». Il a « oublié » de même la lettre d'Engels à Bebel du 28 mars 1875, qui traduit avec une singulière clarté cette pensée de Marx: « La Commune avait cessé d'être un Etat au sens propre du mot ».

Voilà donc le théoricien le plus éminent de la IIe Internationale qui, dans une brochure spéciale sur la « Dictature du Prolétariat », traitant spécialement de la Russie, où a été posée maintes fois et sans ambages la question d'une forme d'Etat plus parfaite que la république bourgeoise démocratique, passe cette question sous silence.

N'est-ce point là *en fait* passer du côté de la bourgeoisie ? (Remarquons, entre parenthèses, qu'ici comme ailleurs Kautsky se traîne à la remorque des menchéviks russes. Parmi eux, il ne manque pas de gens connaissant « tous les textes » de Marx et d'Engels, mais pas un menchévik, d'avril 1917 à novembre 1917, et de novembre 1917 à novembre 1918, n'a essayé une seule fois de traiter la question d'un Etat du type de la Commune.

Plekhanov également a négligé cette question. *Force leur a été de se taire.* Evidemment, causer de la dispersion de l'Assemblée Constituante, avec des gens qui s'intitulent socialistes et marxistes, mais qui en fait passent à la bourgeoisie sur la question *essentielle*, la question d'un Etat du type de la Commune, ce serait jeter des perles aux pourceaux. Il suffira d'imprimer en annexe à cette brochure mes thèses sur l'Assemblée Constituante, *in-extenso*. Par là, le lecteur verra que la question a été soulevée le 26 décembre 1917, aux points de vue théorique, historique et pratique ou politique.

Si, comme théoricien, Kautsky a tout à fait rompu avec le marxisme, il aurait pu, du moins, comme historien, étudier la question de la lutte entre les Soviets et l'Assemblée Constituante. Par ses multiples travaux nous savons que Kautsky a su être historien marxiste, et que ces travaux-là resteront le précieux héritage du prolétariat, malgré l'apostasie finale de leur auteur, mais sur cette question, même comme historien, Kautsky *se détourne* de la vérité, il ignore des faits *universellement* connus, il se conduit malhonnêtement. Il *veut* représenter les bolchéviks comme des gens sans principes, et il raconte comment ils ont essayé *d'atténuer* leur conflit avec la Constituante, avant de la disperser. Il n'y a rien de mal à cela, nous n'avons rien à désavouer; je publie les thèses tout au long et il y est dit plus clair que le jour: messieurs les petits bourgeois hésitants qui siégez à l'Assemblée Constituante, ou bien vous vous inclinerez devant la dictature du prolétariat, ou bien nous triompherons de vous par les « voies révolutionnaires » (thèses 18 et 19).

C'est ainsi que le prolétariat vraiment révolutionnaire a toujours procédé et procédera toujours envers la petite bourgeoisie hésitante.

Sur la question de l'Assemblée Constituante, Kautsky s'en tient aux seules formes. Dans mes thèses j'ai dit et répété bien clairement que les intérêts de la révolution sont au-dessus des droits formels de la Constituante (v. les thèses 16 et 17). Le point de vue qui s'attache à la forme démocratique, c'est le point de vue du démocrate *bourgeois* qui n'admet pas que les intérêts du prolétariat et de la lutte de classe prolétarienne soient supérieurs à la forme. Comme historien, Kautsky n'avait pas pu ne pas reconnaître que les parlements bourgeois sont les organes de telle ou telle classe. Mais, dans son honteux reniement de la révolution, Kautsky avait besoin d'oublier le marxisme, aussi *ne pose-t-il pas la question* de savoir de quelle *classe* la Constituante en Russie était l'organe. Il n'analyse pas les circonstances concrètes, il ne veut pas considérer les faits, il ne dit pas un seul mot qui puisse donner l'idée à ses lecteurs allemands que mes thèses présentent non seulement une étude théorique de l'insuffisance de la démocratie bourgeoise (thèses 1-3), non seulement l'examen des conditions concrètes par suite desquelles les listes de partis établies au milieu de novembre 1917 se sont trouvées ne plus correspondre à la réalité de décembre 1917 (thèses 4-6), mais encore l'histoire de la lutte dé classes et de la guerre civile en novembre-décembre 1917 (thèses 7-15). De cette histoire concrète nous avons tiré la conclusion (thèse 14) que la devise: « tout le pouvoir à l'Assemblée Constituante » était devenue *en fait* la devise des cadets, des Kalédinistes et de leurs complices.

L'historien Kautsky ne remarque pas cela. L'historien Kautsky n'a jamais entendu dire que le suffrage universel donne des parlements parfois petits-bourgeois, parfois réactionnaires et contre-révolutionnaires. Kautsky, historien marxiste, n'a jamais entendu dire que la forme électorale, la forme démocratique, sont une chose, et le contenu de l'institution au point de vue classes une autre chose. Cette question du contenu de l'Assemblée Constituante au point de vue classes est nettement posée et résolue dans mes thèses. Il se peut que ma solution ne soit pas juste. Rien ne serait pour nous plus désirable qu'une critique marxiste de notre analyse, venant d'un adversaire. Au lieu d'écrire des phrases vraiment sottes (il y en a beaucoup chez Kautsky), comme de prétendre que les bolchéviks ne souffrent pas la critique, Kautsky ferait mieux d'entreprendre cette critique. Mais justement il n'y a pas de critique chez lui. *Il ne pose même pas la question* de l'analyse des Soviets, d'une part, et de la Constituante d'autre part, au point de vue classes. Aussi n'y a-t-il *pas moyen* de discuter avec Kautsky; il ne reste qu'à *montrer* au lecteur pourquoi on ne peut traiter Kautsky autrement que de renégat.

Le conflit entre les Soviets et l'Assemblée Constituante a son histoire, que n'aurait pu laisser de côté même un historien n'admettant pas la lutte des classes. Cette histoire, Kautsky n'a point daigné *l'effleurer*. Il a caché aux lecteurs allemands ce fait connu de tous, que seuls continuent à cacher maintenant les menchéviks endurcis, que même sous la domination menchéviste, c'est-à-dire de la fin de février à novembre 1917, les Soviets ont été en conflit avec les institutions « d'Etat » (c'est-à-dire bourgeoises). Au fond, Kautsky tient pour la conciliation, l'accord, la collaboration du prolétariat et de la bourgeoisie; Kautsky a beau s'en défendre, c'est un fait que confirme toute sa brochure. Il ne fallait pas disperser la Constituante, cela veut dire: il ne fallait pas mener jusqu'au bout la lutte contre la bourgeoisie, il ne fallait pas la renverser, il fallait que le prolétariat s'entende avec la bourgeoisie.

Pourquoi donc Kautsky ne dit-il pas que, de février à novembre 1917, les menchéviks se sont occupés de cette peu honorable besogne et ne sont arrivés à rien? S'il y avait possibilité de concilier la bourgeoisie avec le prolétariat, pourquoi donc sous les menchéviks la réconciliation n'a-t-elle pas réussi, pourquoi la bourgeoisie s'est-elle tenue à l'écart des Soviets, pourquoi les Soviets étaient-ils appelés (*par les menchéviks*) la « démocratie révolutionnaire » et la bourgeoisie les « éléments censitaires? »

Kautsky se garde bien de dire aux lecteurs allemands que ce sont précisément les menchéviks qui, à l'époque (11. X. 1917) de leur domination, intitulaient les Soviets la démocratie révolutionnaire, reconnaissant par là leur supériorité sur toutes les autres institutions. Grâce à cette omission volontaire, l'historien Kautsky donne l'impression que le conflit des Soviets avec la bourgeoisie n'a pas d'histoire, qu'il est survenu tout d'un coup, inopinément, sans motifs, en vertu de la mauvaise conduite des bolchéviks. En réalité, c'est au bout de *plus d'une demi-année* (pour une révolution c'est un laps de temps considérable) d'expérience de coalitionnisme menchéviste, de vaines tentatives pour concilier le prolétariat et la bourgeoisie, que le peuple s'est convaincu de l'inutilité de ces tentatives et qu'il s'est dégoûté des menchéviks.

Les Soviets sont l'organisation de combat du prolétariat, organisation magnifique, appelée à un grand avenir, Kautsky le reconnaît. Dès lors toute sa thèse s'écroule comme un château de cartes, comme la rêverie du petit bourgeois qui voudrait bien que le prolétariat et la bourgeoisie s'accommodent sans coup férir. Car toute la révolution n'est autre chose qu'une lutte continuelle et désespérée, dans laquelle le prolétariat est la classe avant-garde de *tous* les opprimés, le foyer et le centre de toutes les aspirations des opprimés de toutes sortes vers l'affranchissement.

Les Soviets sont les organes de combat des masses opprimées; comme tels ils ont réflété et traduit les dispositions et les changements de vues de ces masses incomparablement plus vite, plus complètement et plus fidèlement que n'importe quelle autre institution. C'est une des raisons, d'ailleurs, pour lesquelles la démocratie soviétiste est un type supérieur de la démocratie.

Du 28 février (ancien style) au 25 octobre 1917, les Soviets ont réussi à convoquer deux Congrès Panrusses de l'énorme majorité de la population russe, de tous les ouvriers et soldats, des sept ou huit dixièmes de la classe paysanne, sans compter la masse des congrès locaux de districts, de villes, de gouvernements et de régions. Durant cette période la bourgeoisie n'a pas réussi à convoquer une seule institution représentant une majorité (sauf la « conférence démocratique » falsifiée, véritable défi qui fit déborder la colère du prolétariat). L'Assemblée Constituante reflétait *les mêmes* dispositions des masses, *les mêmes* groupements politiques que le premier Congrès Panrusse des Soviets en juin. Jusqu'à la convocation de l'Assemblée Constituante (janvier 1918) eurent lieu le Deuxième Congrès des Soviets (novembre 1917) et le Troisième (janvier 1918), qui tous deux *montrèrent d'éclatante façon* que les masses avaient évolué vers la gauche, s'étaient révolutionnarisées, détournées des menchéviks et des s.-r. et qu'elles avaient passé du côté des bolchéviks, c'est-à-dire avaient répudié la direction de la petite bourgeoisie, renoncé à l'illusion d'une entente avec la bourgeoisie et embrassé le parti de la lutte révolutionnaire du prolétariat pour le renversement de la bourgeoisie.

Donc le *simple historique* des Soviets, à lui seul, démontre que l'Assemblée Constituante était un phénomène *réactionnaire* et que sa dissolution était indispensable. Pourtant, Kautsky n'en démord pas de sa « devise » : périsse la révolution, que la bourgeoisie triomphe du prolétariat, pourvu que fleurisse « la démocratie pure! » *Fiat justicia, pereat mundus!*

Voici la brève statistique des Congrès Panrusses des Soviets dans l'histoire de la révolution russe:

Congrès Panrusses des Soviets	Total des députés	Nombre des Bolchéviks	% des Bolchéviks
Premier (3 VI 1917).....	790	103	13 %
Deuxième (25 X 1917)...	675	343	51 %
Troisième (10 I 1918)....	710	434	61 %
Quatrième (14 III 1918)..	1232	795	64 %
Cinquième (4 VII 1918)..	1164	773	66 %

Il suffit de jeter un coup d'œil sur ces chiffres pour comprendre pourquoi les arguments en faveur de l'Assemblée Constituante ou les discours de ceux qui, comme Kautsky, prétendent que les bolchéviks ne représentent pas la majorité de la nation, ne soulèvent chez nous que des rires.

La Constitution Soviétiste

Comme je l'ai déjà montré, l'enlèvement à la bourgeoisie du droit électoral ne constitue pas un indice obligatoire et indispensable de la dictature du prolétariat. Même en Russie, les bolchéviks qui, longtemps avant novembre, avaient proclamé la formule de cette dictature, n'avaient point parlé d'avance de priver les exploiteurs du droit de vote. *Cette* caractéristique de notre dictature n'est pas le résultat « d'un plan » d'un parti quelconque, elle a surgi d'elle-même au cours de la lutte. L'historien Kautsky ne l'a pas remarqué, évidemment. Il n'a pas compris que, déjà au moment où les menchéviks, partisans de l'accord avec la bourgeoisie, dominaient dans les Soviets, la bourgeoisie se sépara d'elle-même des Soviets, les boycotta, se déclara leur adversaire, intrigua contre eux. Les Soviets ont surgi sans constitution aucune, et, pendant *plus d'une année,* du printemps de 1917 jusqu'à l'été de 1918, ils ont subsisté sans aucune constitution. La colère de la bourgeoisie contre l'organisation indépendante et toute-puissante (puisqu'elle les embrassait tous) des opprimés, la campagne la plus éhontée, la plus intéressée, la sale campagne de la bourgeoisie contre les Soviets, enfin la complicité manifeste de la bourgeoisie, depuis les cadets jusqu'aux s.-r. de droite, depuis Milioukov jusqu'à Kérensky, dans l'aventure de Kornilov, tout cela prépara l'exclusion formelle de la bourgeoisie des Soviets.

Kautsky a entendu parler du complot de Kornilov, mais il méprise magnifiquement les faits historiques, le cours des événements et les formes de la lutte qui devaient déterminer les formes de la dictature: à quoi bon l'histoire en effet, quand il s'agit de « démocratie pure ». Voilà pourquoi la « critique » de Kautsky, dirigée contre la suppression du droit électoral de la bourgeoisie, se distingue par une naïveté candide qui serait attendrissante chez un enfant, mais qui suscite le dégoût chez un homme qui n'est pas encore officiellement reconnu comme tombé en enfance.

« ... Si les capitalistes s'étaient vus en infime minorité après la décision du suffrage universel, ils se seraient plus vite accommodés de leur sort » (p. 33)... C'est gentil, n'est-il pas vrai? L'homme d'esprit qu'est Kautsky a vu souvent dans l'histoire, et il connaît par l'expérience générale de la vie, beaucoup de propriétaires et de capitalistes qui tiennent compte de la volonté de la majorité des opprimés. Le sage Kautsky s'obstine dans son point de vue « d'opposition », c'est-à-dire de lutte purement parlementaire. C'est ainsi qu'il écrit textuellement: « l'opposition » (p. 34 et beaucoup d'autres).

O savant historien et politique! Sachez donc que « opposition » désigne une lutte pacifique et exclusivement parlementaire, c'est-à-dire une notion de temps de paix, *excluant la révolution*. En révolution, il s'agit d'un ennemi impitoyable et de la guerre civile, et aucune jérémiade réactionnaire de petit bourgeois, apeuré devant cette guerre comme Kautsky, ne changera rien à ce fait. Traiter ainsi la question d'une guerre civile impitoyable, où la bourgeoisie est capable de tous les crimes (l'exemple des Versaillais et leurs marchés avec Bismarck en disent assez pour tout homme qui considère l'histoire autrement que le Guignol de Gogol), où la bourgeoisie appelle à son secours les gouvernements étrangers et intrigue avec eux contre la révolution, c'est de la comédie. A l'exemple du « baron du quiproquo » Kautsky, le prolétariat révolutionnaire n'a plus qu'à mettre son bonnet de nuit, et à considérer cette bourgeoisie qui fomente les révoltes contre-révolutionnaires des Doutov, des Krasnov et des Tchèques, et qui prodigue les millions aux saboteurs, comme une « opposition » légale. Quelle profondeur d'esprit!

Kautsky s'intéresse exclusivement au côté formel et juridique de la question, de sorte que, en lisant ses considérations sur la constitution soviétiste, on se rappelle involontairement les paroles de Bebel: les jurisconsultes, ce sont des gens pourris de réaction. « En réalité, écrit Kautsky, on ne peut pas priver les capitalistes seuls de tous leurs droits. Qu'est-ce qu'un capitaliste au sens juridique? Un homme qui possède? Même dans un pays comme l'Allemagne, très avancé dans la voie du progrès économique, dans lequel le prolétariat est si nombreux, la fondation de la république soviétiste aurait pour effet de priver de droits politiques des masses considérables de citoyens. Dans l'empire allemand, en 1907, le nombre des gens adonnés au travail industriel et de leurs familles se montait dans les trois grandes branches, agriculture, industrie et commerce, à environ 35 millions d'employés et d'ouvriers salariés et 17 millions de travailleurs indépendants. Par conséquent, un parti peut aisément être la majorité parmi les ouvriers salariés, mais la minorité parmi la population » (p. 33).

Voilà un échantillon des raisonnements de Kautsky. N'est-ce pas là une pleurnicherie contre-révolutionnaire de bourgeois?

Pourquoi donc M. Kautsky, faites-vous rentrer tous les « travailleurs indépendants » dans la catégorie des personnes privées de droits, quand vous savez bien que l'immense majorité des paysans russes n'a pas d'ouvriers salariés et par conséquent n'est pas privée de droits? Est-ce que ce n'est pas une falsification?

Pourquoi donc, savant économiste, n'avez-vous pas reproduit les données bien connues de vous, fournies par cette même statistique allemande de 1907, au sujet du travail salarié dans les diverses catégories d'exploitations agricoles? Pourquoi n'avez-vous pas cité aux ouvriers allemands, lecteurs de votre brochure, ces données, d'après lesquelles on verrait combien d'exploiteurs, *combien peu d'exploiteurs* il y a parmi les « agriculteurs » de la statistique allemande? C'est parce que votre apostasie a fait de vous un simple complice de la bourgeoisie.

Capitaliste, voyez-vous, c'est une notion juridique bien vague, et Kautsky foudroie en plusieurs pages « l'arbitraire » de la constitution soviétiste. Cet « érudit consciencieux » permet à la bourgeoisie anglaise d'élaborer et d'étudier pendant des siècles une constitution bourgeoise, nouvelle pour le Moyen Age, mais à nous, ouvriers et paysans de Russie, ce représentant de la science servile ne nous laisse aucun délai. Il exige de nous une constitution élaborée jusqu'au plus petit détail en l'espace de quelques mois...

« ... Arbitraire! » Jugez donc quel abîme de basse servilité devant la bourgeoisie, quel stupide pédantisme découvre ce reproche. Lorsque les juristes bourgeois et pour la plupart réactionnaires des pays capitalistes ont mis des siècles ou des dizaines d'années pour élaborer les règles les plus minutieuses, pour écrire des dizaines et des centaines de volumes de lois et de commentaires, pour *opprimer* l'ouvrier, enchaîner pieds et mains liés le pauvre diable, tracasser, entraver de mille façons les simples travailleurs du commun, oh! alors, les libéraux bourgeois et M. Kautsky ne voient là aucun « arbitraire »! Ils voient là « l'ordre » et la «légalité»! Là tout est médité et rédigé pour mieux pressurer le pauvre diable. Là sont des milliers d'avocats et de fonctionnaires bourgeois (Kautsky se garde bien d'en parler, probablement parce que Marx accordait une énorme importance à la *destruction* de la machine fonctionnariste), des milliers d'avocats et de fonctionnaires, adroits à interpréter les lois de telle sorte que l'ouvrier et le paysan moyen ne puissent jamais se tirer des réseaux de fil de fer de ces lois. Ce n'est pas là « l'arbitraire » de la bourgeoisie, ce n'est pas la dictature des vils exploiteurs avides et altérés du sang du peuple. Point du tout. C'est la « démocratie pure », devenant de jour en jour de plus en plus pure.

Mais lorsque les classes laborieuses et exploitées, pour la première fois dans l'histoire, séparées par la guerre impérialiste de leurs frères étrangers, ont créé *leurs* soviets, ont convié à la besogne politique les *classes* que la bourgeoisie opprimait, écrasait et abrutissait, et ont entrepris de fonder *elles-mêmes* un Etat nouveau, l'Etat prolétarien; lorsque, dans l'ardeur d'une lutte acharnée, dans le feu de la guerre civile, elles ont commencé à *esquisser* les fondements d'un Etat *sans exploiteurs*, alors tous les chenapans de la bourgeoisie, toute la nuée des vampires, avec leur accompagnateur Kautsky, ont hurlé à « l'arbitraire! » Comment, en effet, ces ignorants d'ouvriers et de paysans, comment toute cette « populace » serait-elle capable d'interpréter ses propres lois? Où voulez-vous qu'ils prennent le sentiment de la justice, ces humbles travailleurs, sans les conseils des avocats éclairés, des littérateurs bourgeois, des Kautsky et des vieux fonctionnaires roués?

De mon discours du 28 avril 1918, M. Kautsky cite cette phrase: « Les masses déterminent elles-mêmes l'ordre et la date des élections »... Et en « démocrate pur » il conclut:

« ... Il s'ensuit donc que chaque collège d'électeurs

établit la procédure des élections comme il lui plaît. L'arbitraire et la possibilité de se débarrasser des éléments d'opposition gênants au sein du prolétariat même seraient de cette façon multipliés au dernier point » (p. 37).

En quoi ce verbiage se distingue-t-il de celui d'un coolie de lettres vendu aux capitalistes, qui hurle à l'oppression quand dans une grève la masse fait violence aux travailleurs laborieux qui veulent « travailler »? En quoi le mode d'élection établi par les *fonctionnaires bourgeois* dans la démocratie bourgeoise « pure » *n'est-il pas* arbitraire? En quoi le sens de la justice chez *les masses insurgées* pour la lutte contre leurs éternels exploiteurs, chez les masses instruites et fortifiées par cette lutte désespérée, doit-il être plus bas que chez *une poignée* de fonctionnaires, d'intellectuels et d'avocats nourris dans les préjugés bourgeois?

Kautsky est un socialiste convaincu; n'allez pas mettre en doute la sincérité de ce vénérable père de famille, de cet honnête citoyen. Il est partisan déclaré et chaleureux de la victoire des travailleurs, de la révolution prolétarienne. Seulement il voudrait bien que, *pour commencer, avant* le mouvement des masses, *avant* leur lutte impitoyable contre les exploiteurs, les intellectuels bourgeois et les pharisiens en bonnet de nuit puissent tout doucement *sans* guerre civile, composer les statuts modérés et précis du développement de la révolution...

Notre savant Judas Golovliev (1), dans une profonde indignation morale, raconte aux ouvriers allemands que, le 14 juin 1918, le Comité Exécutif Cen-

---

(1) Personnification de la traîtrise.

tral des Soviets de Russie a décrété l'exclusion des
Soviets des représentants du parti s.-r. et des menchéviks. « Cette mesure, écrit Judas Kautsky tout brûlant
d'une noble indignation, est dirigée non pas contre
des personnes déterminées coupables d'avoir commis
certains actes punissables... La constitution de la République Soviétiste ne dit pas un mot de l'inviolabilité des députés membres des Soviets. Ce ne sont pas
certaines *personnes,* mais bien certains *partis* qui
sont exclus des soviets » (p. 37).

En effet, c'est un crime abominable, c'est un attentat intolérable à la démocratie pure, suivant les règles
de laquelle notre révolutionnaire Judas Kautsky voudrait faire la révolution. Les bolchéviks russes auraient dû commencer par garantir l'inviolabilité aux
Savinkov et Cie, aux Liber, Dan, Potressov (les acti-
vistes) et Cie, puis rédiger un code pénal déclarant
« passibles de punition » la participation à la campagne contre-révolutionnaire des Tchéco-Slovaques
ou l'alliance en Ukraine et en Géorgie avec les impérialistes allemands *contre* les travailleurs de son
pays, et *alors seulement,* en vertu de ce code pénal,
nous aurions été en droit, selon la « démocratie
pure », d'exclure des soviets « certaines personnes ».
Il va sans dire que les Tchéco-Slovaques, qui rece-
vaient leurs subsides des capitalistes anglo-français
par l'entremise des Savinkov, des Potressov et des
Liber et Dan, ou grâce à leur propagande, de même
que les Krasnov, ravitaillés en projectiles allemands
par les soins des menchéviks d'Ukraine et de Tiflis,
auraient attendu sagement jusqu'à ce que nous ayons
rédigé dans toutes les règles de l'art notre code cri-
minel, et se seraient contentés, en démocrates purs,
d'un rôle d' « opposition »...

Kautsky s'indigne également de ce que la constitution soviétiste prive des droits électoraux ceux qui « emploient des ouvriers salariés dans un but de profit ». « Un travailleur à domicile ou un petit patron qui occupe un apprenti peuvent vivre et sentir en vrais prolétaires, ils n'ont pas le droit de vote » (p. 36).

Voilà une brèche à la « démocratie pure! » Voilà une injustice! Jusqu'ici tous les marxistes supposaient, ce qui est confirmé par des milliers de faits, que les petits patrons sont les plus malhonnêtes et les plus impitoyables exploiteurs des ouvriers salariés, mais Judas Kautsky parle, naturellement, non pas de la *classe* des petits patrons (qui donc a imaginé la funeste théorie de la lutte des classes?), mais des individus, des exploiteurs qui « vivent et sentent en vrais prolétaires ». La fameuse « Agnès économe », qu'on croyait morte depuis longtemps, est ressuscitée sous la plume de Kautsky. Cette fameuse Agnès économe a été créée et mise en vogue il y a quelques dizaines d'années, dans la littérature allemande, par le « pur » démocrate bourgeois Eugène Richter. Ce dernier a prédit les malheurs effroyables qui résulteraient de la dictature du prolétariat, de la confiscation du capital des exploiteurs; il a demandé avec candeur ce que c'était qu'un capitaliste au sens juridique. Comme exemple il a pris une couturière pauvre et économe (Agnès l'économe) que les méchants « dictateurs du prolétariat » dépouillent de ses derniers sous. Naguère encore, toute la social-démocratie allemande s'amusait de cette « Agnès économe » du pur démocrate Eugène Richter. Mais il y a longtemps de cela; c'était quand Bebel était encore en vie et disait tout franchement la vérité, à savoir: dans notre parti il y a beaucoup de nationaux-libéraux. C'était bien longtemps avant que Kautsky ne se fasse renégat.

Et voilà « Agnès l'économe » ressuscitée en la personne du « petit patron avec un seul apprenti, vivant et sentant en vrai prolétaire ». Les méchants bolchéviks sont injustes envers lui, ils lui enlèvent le droit de vote. Il est vrai que « tout collège électoral », comme le dit Kautsky, peut dans la République Soviétiste admettre un pauvre artisan attaché par exemple à une usine, si toutefois, par exception, il n'est pas un exploiteur, si *vraiment* « il vit et sent en vrai prolétaire ». Mais est-ce qu'il est possible de se fier à la connaissance de la vie, au sentiment de la justice d'un comité d'usine de simples ouvriers, mal organisé et agissant (ô horreur!) sans statuts? N'est-il pas clair qu'il vaut mieux garantir le droit de suffrage à *tous* les exploiteurs, à *tous* les patrons, plutôt que de risquer que les travailleurs ne maltraitent l' « économe Agnès » et l'artisan « qui vit et sent en vrai prolétaire » ?

Laissons les méprisables coquins de l'apostasie, aux applaudissements de la bourgeoisie et des social-chauvins (1), vilipender notre constitution soviétiste sous prétexte qu'elle prive les exploiteurs du droit de vote. Tant mieux, car la rupture n'en sera que plus prompte et plus profonde entre les ouvriers révolutionnaires d'Europe et les Scheidemann et les Kautsky, les Renaudel et les Longuet, les Henderson et les Macdo-

---

(1) Je viens seulement de lire l'article de tête de la *Gazette de Francfort* du 22 octobre 1918 n° 293, qui paraphrase avec enthousiasme la brochure de Kautsky. Le journal des boursiers est enchanté. Je crois bien! Un camarade m'écrit de Berlin que le *Vorwaerts* de Scheidemann a déclaré dans un article spécial qu'il souscrit presque à chacune des lignes de Kautsky. Nos compliments.

nald, ces vieux chefs et ces vieux traîtres du socialisme.

Les masses opprimées, les chefs conscients et loyaux du prolétariat révolutionnaire seront *pour nous*.

Il suffit de faire connaître à ces prolétaires et à ces masses notre constitution soviétiste pour qu'ils disent tout de suite: « Voilà vraiment où sont *nos gens*, voilà le véritable parti ouvrier, le vrai gouvernement des travailleurs. Celui-ci au moins ne trompe pas les ouvriers par des bavardages sur les réformes, comme nous trompaient tous les *chefs* déjà nommés, il lutte pour de bon contre les exploiteurs, il accomplit pour de bon la révolution, il lutte *vraiment* pour l'affranchissement complet des travailleurs ».

Si les exploiteurs sont privés par les soviets du droit de vote après une année de « pratique soviétiste », c'est que ces soviets sont vraiment l'organisation des masses opprimées, et non pas celle des social-impérialistes et des social-pacifistes vendus à la bourgeoisie. Si ces soviets ont enlevé le droit de vote aux exploiteurs, c'est que les soviets ne sont pas les organes de l'alliance des petits bourgeois avec les capitalistes, ni les organes du bavardage parlementaire des Kautsky, Longuet ou Macdonald, mais les organes du prolétariat vraiment révolutionnaire, engagé dans une lutte à mort contre les exploiteurs.

« On ne connaît presque pas ici le livre de Kautsky », m'écrit aujourd'hui (30 octobre) de Berlin, un camarade bien informé. Je conseillerais à nos ministres en Allemagne et en Suisse de ne pas ménager l'argent, d'acheter ce livre et de le *distribuer* gratuitement aux ouvriers conscients, afin d'enfoncer dans son ordure cette social-démocratie impérialiste et réformiste qui se dit le seul socialisme « européen », et qui est depuis longtemps un « cadavre puant ».

A la fin de son livre, aux pages 61 et 63, M. Kautsky déplore amèrement que « la nouvelle théorie » (c'est ainsi qu'il nomme le bolchévisme, craignant d'aborder seulement l'analyse de la Commune de Paris par Marx et Engels), « trouve des partisans même dans les vieilles démocraties, comme la Suisse par exemple ». « On ne comprendrait pas, dit Kautsky, que cette thèse puisse séduire les social-démocrates allemands ».

C'est au contraire absolument compréhensible, car après les sérieuses leçons de la guerre, les masses révolutionnaires se sont dégoûtées des Scheidemann et des Kautsky.

« Nous » avons toujours été pour la démocratie, écrit Kautsky, et tout à coup nous y renoncerions!

« Nous », opportunistes de la social-démocratie, nous avons toujours été contre la dictature du prolétariat; les Kolb et Cie l'ont dit franchement *voici beau temps*. Kautsky le sait bien et il se trompe s'il croit cacher à ses lecteurs un fait aussi évident que son « retour dans le giron » des Bernstein et des Kolb.

« Nous », marxistes révolutionnaires, nous n'avons jamais fait une idole de la démocratie « pure », c'est-à-dire bourgeoise. Avant la triste conversion qui fit de lui un Scheidemann russe, Plékhanov était, comme l'on sait, un marxiste révolutionnaire. Au congrès qui a adopté le programme du parti, Plékhanov disait, en 1903 qu'au moment de la révolution le prolétariat n'hésiterait pas à enlever aux capitalistes le droit de vote, à *disperser tout parlement* qui se montrerait contre-révolutionnaire. C'est du reste l'unique principe qui réponde au marxisme, comme on le voit, ne fût-ce que par les déclarations de Marx et d'Engels citées plus haut. C'est le corollaire évident de tous les principes marxistes.

« Nous », marxistes révolutionnaires, nous n'avons jamais tenu au peuple des discours comme aimaient à lui en tenir les kautskystes de toutes les nations, rampant devant la bourgeoisie, cherchant à imiter les parlements bourgeois, dissimulant le caractère *bourgeois* de la démocratie actuelle et se contentant de demander son élargissement et son perfectionnement.

« Nous » disions à la bourgeoisie: exploiteurs et hypocrites que vous êtes, vous parlez de démocratie alors qu'à chaque pas vous dressez des milliers de barrières pour empêcher les *masses* opprimées de participer à la vie politique. Nous vous prenons au mot et nous exigeons en faveur de ces masses l'élargissement de *votre* démocratie bourgeoise, afin de *préparer les masses à la révolution* qui vous renversera, vous, exploiteurs. Et si vous, exploiteurs, vous faites mine de résister à notre révolution prolétarienne, nous vous écraserons impitoyablement, nous vous priverons de vos droits politiques, bien plus: nous vous refuserons le pain, car dans notre république prolétarienne les exploiteurs seront sans droits, seront privés d'eau et de feu, parce que nous sommes socialistes pour de bon, et non pas socialistes d'opérette comme les Scheidemann et les Kautsky.

Tel est le langage que nous avons tenu et que nous tenons, « nous » marxistes révolutionnaires, et voilà pourquoi les masses opprimées seront pour nous et avec nous, tandis que les Scheidemann et les Kautsky *prendront place à côté des renégats.*

Qu'est-ce que l'internationalisme ?

Kautsky se croit et se proclame internationaliste de l'air le plus convaincu. Il traite les Scheidemann et C¹ᵉ de « socialistes de gouvernement ». En défendant les menchéviks, (Kautsky n'avoue pas sa solidarité avec eux, mais il applique toutes leurs idées), il a montré avec une belle évidence la qualité de son « internationalisme ». Or, comme Kautsky n'est pas une unité, mais le représentant d'un courant inévitablement créé par l'atmosphère de la IIᵉ Internationale, Longuet en France, Turati en Italie, Nobs, Grimm, Graber et Naine en Suisse, Ramsay Macdonald en Angleterre, etc.), il y aura profit à nous arrêter sur l' « internationalisme » de Kautsky.

En faisant remarquer que les menchéviks, eux aussi, ont été à Zimmervald (c'est un diplôme, sans doute, mais un diplôme un peu avarié), Kautsky fait le tableau suivant des idées des menchéviks, avec lesquels il est d'accord.

« ... Les menchéviks voulaient la paix universelle. Ils voulaient que tous les belligérants adoptent la formule: pas d'annexions, pas de contributions. Jusqu'à ce que cela fût fait, l'armée russe, suivant eux, devait rester prête au combat. Les bolchéviks, eux, exigèrent la paix immédiate à tout prix, ils étaient disposés en cas de besoin à conclure une paix séparée; ils s'efforcèrent de la rendre inévitable en augmentant la désorganisation de l'armée déjà grande sans cela » (p. 27). Selon Kautsky, les bolchéviks ne devaient pas s'emparer du pouvoir mais se contenter de la Constituante.

Ainsi, voici en quoi consiste l'internationalisme de Kautsky et des menchéviks: exiger des réformes du gouvernement bourgeois impérialiste, mais continuer à le soutenir, continuer à soutenir la guerre menée par ce gouvernement, jusqu'à ce que tous les belligérants aient adopté la formule: ni annexions, ni contributions. C'est bien là l'idée exprimée maintes fois et par Turati, et par les kautskystes, (Haase et C¹ᵉ) et par Longuet et ses amis, tous se disant pour la « défense de la patrie ».

Au point de vue théorique, c'est là une impuissance complète à se séparer des social-chauvins, c'est ne rien comprendre à la question de la défense de la patrie. Au point de vue politique, c'est le nationalisme bourgeois substitué à l'internationalisme, c'est passer au réformisme et renier la révolution.

Le principe de la « défense de la patrie », c'est une trahison du point de vue du prolétariat et une légitimation de la guerre. Et comme la guerre, sous la république aussi bien que sous la monarchie, que les armées ennemies soient sur notre territoire ou en territoire étranger, reste impérialiste, le principe de défense de la patrie n'est *en fait* qu'une complicité avec la bourgeoisie impérialiste et conquérante, une véritable trahison envers le socialisme.

En Russie, même sous Kérensky, en république démocratique bourgeoise, la guerre gardait son caractère impérialiste, puisque c'est la bourgeoisie, classe dominante, qui la menait, et que la guerre est le prolongement de la politique; le caractère impérialiste de la guerre a été démontré de façon frappante par les traités secrets concernant le partage du monde et le pillage des pays étrangers, conclus par le tsar avec les capitalistes d'Angleterre et de France.

Les menchéviks trompaient indignement le peuple
en représentant cette guerre comme une guerre dé-
fensive ou révolutionnaire, et Kautsky, en approuvant
leur politique, approuve leur mensonge, approuve
leur rôle de petits bourgeois qui, pour complaire aux
capitalistes en font accroire au peuple et attachent les
ouvriers au char des impérialistes. Kautsky pratique
une politique typiquement bourgeoise, toute d'hypocrisie, en feignant de croire, et en suggérant aux
masses, cette idée saugrenue que la *formule* change le
fond de l'affaire. Toute l'histoire de la démocratie
bourgeoise est là pour détruire cette illusion : pour
tromper le peuple, les démocrates bourgeois ont toujours semé les « formules » à profusion. Il s'agit seulement de *vérifier* leur sincérité, de confronter les
faits avec les paroles, de ne pas se contenter de
phrases idéalistes ou charlatanesques de chercher sous
elles la *réalité*, les intérêts *de classe*. Ce n'est pas
parce que les charlatans, les phraseurs et les pharisiens de la bourgeoisie lancent d'une voix pateline
une « formule », que la guerre impérialiste cesse d'être
impérialiste. Elle ne cessera de l'être que le jour où la
classe qui mène cette guerre impérialiste et qui y est
attachée par des millions de liens, ou même de câbles
économiques, sera *renversée* réellement et remplacée
au pouvoir par la classe vraiment révolutionnaire,
par le prolétariat. *Il n'y a pas d'autre moyen d'échapper à la guerre impérialiste, de même qu'à une paix
impérialiste et de conquêtes.*

En approuvant la politique extérieure menchéviste
qu'il déclare internationaliste et zimmerwaldienne,
Kautsky prouve d'abord toute la corruption de la majorité zimmerwaldienne opportuniste (ce n'est pas
sans raison que nous, *la gauche* de Zimmerwald, nous

avons rompu immédiatement avec cette majorité), ensuite, et c'est le principal, Kautsky passe du camp du prolétariat dans celui de la petite bourgeoisie, du principe révolutionnaire au principe réformiste.

Le prolétariat lutte pour renverser par la révolution la bourgeoisie impérialiste, la petite bourgeoisie lutte pour le perfectionnement de l'impérialisme par la voie des réformes, elle veut s'accommoder à lui, elle se subordonne à lui. Quand Kautsky était encore marxiste, en 1909 par exemple, quand il écrivait « La voie vers le pouvoir », il défendait justement cette idée que la révolution était inévitablement liée à la guerre, il disait arrivée l'*ère des révolutions*.

Le Manifeste de Bâle en 1912 parle très clairement de la *révolution prolétarienne*, conséquence nécessaire de cette même guerre impérialiste entre les groupements allemands et anglais qui éclata en 1914. Eh bien! quand les révolutions, conséquences de la guerre, ont commencé en 1918, au lieu d'expliquer leur caractère fatal, au lieu d'élaborer et de prêcher jusqu'au bout la tactique *révolutionnaire*, les voies et moyens préparant la révolution, Kautsky décore du nom d'internationaliste la tactique réformiste des menchéviks. N'est-ce point une apostasie?

Kautsky fait un mérite aux menchéviks d'avoir voulu garder intacte l'organisation militaire de l'armée. Il blâme les bolchéviks d'avoir augmenté la désorganisation de l'armée, « déjà grande sans cela ». En cela il vante le réformisme, il se subordonne à la bourgeoisie impérialiste, il blâme la révolution, il la renie. En effet, même sous Kérensky, conserver à l'armée sa puissance combattive, c'était garder le commandement bourgeois, si républicain qu'il fût. Ce n'est un secret pour personne, et le cours des événe-

ments l'a montré avec évidence, cette armée républicaine avait gardé l'esprit de Kornilov, grâce aux
cadres pénétrés de cet esprit. La caste des officiers
bourgeois devait fatalement être korniloviste, infec-
tée d'impérialisme, prête à écraser par la force tout
mouvement du prolétariat. Or, la tactique des menchéviks revenait *en fait* à sauvegarder toutes les bases
de la guerre impérialiste, tous les principes de la
dictature bourgeoise, en retapant des détails, en re-
plâtrant des vétilles, sous le nom de « réformes ».

Au contraire, aucune grande révolution ne s'est
passée et ne peut se passer sans la « désorganisation »
de l'armée. L'armée n'est-elle pas en effet la colonne
la plus sûre de l'ancien régime, le bouclier le plus so-
lide de la discipline bourgeoise, le soutien de la domination capitaliste, un instrument d'esclavage et d'asservissement des travailleurs? La contre-révolution
n'a jamais toléré, ni pu tolérer les ouvriers armés à
côté de l'armée régulière. « En France, écrit Engels, à
la suite de chaque révolution, les ouvriers ont été
armés ; aussi, le premier vœu des bourgeois maîtres
du pouvoir a-t-il toujours été de désarmer les ouvriers ». Les ouvriers en armes ont été le noyau de
l'armée *nouvelle*, la cellule organique naissante du
nouveau régime social. La bourgeoisie s'est toujours
préoccupée avant tout de détruire cette cellule ou
d'empêcher son développement. Le premier acte de
toute révolution victorieuse, comme l'ont maintes fois
souligné Marx et Engels, a été de détruire l'ancienne
armée, de la disloquer et de la remplacer par une armée nouvelle. La classe sociale nouvelle qui aspire au
pouvoir n'a jamais pu, et ne peut encore actuellement, obtenir et assurer sa domination autrement
qu'en disloquant complètement l'ancienne armée,

quitte à faire crier à la « désorganisation » les bourgeois réactionnaires ou simplement poltrons, autrement qu'en traversant une période semée de difficultés et d'épreuves, pendant laquelle le pays reste désarmé (la grande révolution française a connu cette période terrible) et qu'en élaborant peu à peu, au milieu des souffrances de la guerre civile, l'armée nouvelle, la discipline nouvelle, l'organisation militaire nouvelle d'une nouvelle classe. Kautsky historien le comprenait, Kautsky renégat l'a oublié.

De quel droit Kautsky appelle-t-il Scheidemann « socialiste de gouvernement », alors qu'il *approuve* la tactique des menchéviks dans la révolution russe? Les menchéviks, en soutenant Kérensky, en entrant dans son ministère, n'étaient ni plus ni moins que des socialistes de gouvernement. Kautsky ne saurait échapper à cette conclusion, si toutefois il essaie de poser la question de la *classe dominante* menant la guerre impérialiste. Mais il évite de poser cette question, qui s'impose cependant à tout marxiste, car la poser serait découvrir par là-même son apostasie.

Les kautskystes en Allemagne, les longuettistes en France, les Turati et Cie en Italie, raisonnent ainsi: le socialisme suppose l'égalité et la liberté des nations, leur droit à disposer d'elles-mêmes: *donc*, quand notre pays est attaqué ou envahi par les troupes ennemies, les socialistes ont le droit et le devoir de défendre la patrie. Mais ce raisonnement, au point de vue théorique, n'est qu'une caricature du socialisme ou un sophisme impudent, et, au point de vue pratique et politique, il rappelle le raisonnement d'un moujik ignorant, incapable même d'imaginer le caractère social ou de classe de la guerre, ni le rôle du parti révolutionnaire pendant une guerre réactionnaire.

Le socialisme est contre la violence exercée envers les nations, c'est incontestable. Mais le socialisme est contre la violence en général exercée contre les personnes. Pourtant, hormis les anarchistes chrétiens et les disciples de Tolstoï, personne encore n'en a conclu que le socialisme s'oppose à la violence *révolutionnaire*. Par conséquent, parler de « violence » en général, sans distinguer les conditions qui différencient la violence réactionnaire de la violence révolutionnaire, c'est agir en bourgeois ennemi de la révolution, ou bien c'est être un pur sophiste qui cherche à se tromper lui-même et à tromper les autres.

Le même raisonnement s'applique à la violence envers les nations. Toute guerre est une violence à l'égard des nations, cela n'empêche pas les socialistes d'être *pour* la guerre révolutionnaire. Le caractère de classe de la guerre, voilà la question fondamentale qui se pose devant tout socialiste, s'il n'est pas un renégat. La guerre impérialiste de 1914-1918, c'est la guerre entre deux groupes de la bourgeoisie impérialiste pour le partage du monde, pour le partage du butin, pour la spoliation et l'asservissement des nations petites et faibles. C'est ainsi que le Manifeste de Bâle en 1912 considérait la guerre, et c'est ce que les faits ont confirmé. Tout homme qui abandonne ce point de vue sur la guerre n'est pas un socialiste.

Lorsque l'Allemand de Guillaume ou le Français de Clemenceau dit: « J'ai le droit et le devoir, comme socialiste, de défendre ma patrie lorsque son territoire est envahi », il raisonne non pas en socialiste, non pas en internationaliste, non pas en prolétaire révolutionnaire, mais en *bourgeois nationaliste*. De ce raisonnement disparaît la lutte de classe de l'ouvrier révolutionnaire contre le capitalisme, disparaît le vrai jugement sur la guerre dans son ensemble, considérée au point de vue de la bourgeoisie mondiale et du prolétariat mondial, c'est-à-dire que disparaît l'internationalisme, pour ne laisser subsister que le nationalisme le plus aveugle et le plus étroit. Je venge mon pays outragé, le reste, je m'en moque; voilà à quoi revient ce raisonnement et à quelle étroitesse bourgeoise et nationaliste il se réduit. C'est comme si, à l'égard d'un affront individuel, quelqu'un tenait le raisonnement suivant: le socialisme est contre la violence, par conséquent je préfère commettre une trahison plutôt que d'aller en prison.

Le Français, l'Allemand ou l'Italien qui dit: le socialisme condamne la violence envers les nations, *c'est pourquoi* je me défends contre l'ennemi qui a envahi mon pays, *trahit* le socialisme et l'internationalisme. Cet homme *ne voit rien en dehors* « de son pays », il place « sa » bourgeoisie au-dessus de tout, sans penser aux *liens internationaux* qui rendent la guerre impérialiste et qui font de sa bourgeoisie un anneau de la chaîne du brigandage impérialiste.

Tous les petits bourgeois, tous les paysans ignorants et bornés raisonnent exactement comme les renégats kautskystes, longuettistes, Turati et Cie, à savoir: l'ennemi est dans mon pays, tout le reste m'importe peu (1).

____

(1) Les social-chauvins (Scheidemann, Renaudel, Henderson, Gompers et Cie) ne veulent pas entendre parler de « l'Internationale » pendant la guerre. Ils considèrent comme « traîtres » au socialisme les ennemis de « leur » bourgeoisie. Ils défendent la politique de conquêtes de « leur » bourgeoisie. Les social-pacifistes, socialistes en paroles, pacifistes bourgeois en réalité, expriment toutes sortes de sentiments « internationalistes », s'indignent contre les annexions etc., mais ils continuent en fait de soutenir leur bourgeoisie impérialiste. Entre les deux types il n'y a que la différence qui existe par exemple entre un capitaliste aux discours violents et un capitaliste aux discours mielleux.

Le socialiste, le prolétaire révolutionnaire, l'internationaliste, raisonne autrement: le caractère de la guerre, réactionnaire ou révolutionnaire, dépend, non pas de savoir qui a attaqué et sur quel territoire se trouve « l'ennemi », mais de savoir *quelle classe* mène la guerre et quelle politique la prolonge. Si la guerre est une guerre impérialiste réactionnaire, c'est-à-dire entre deux groupements mondiaux de la bourgeoisie réactionnaire, spoliatrice et impérialiste, toute bourgeoisie, même celle d'un petit pays, se rend complice d'un brigandage, et mon devoir, ma tâche de représentant du prolétariat révolutionnaire est de préparer la *révolution prolétarienne mondiale*, comme seule planche de salut contre les horreurs de la guerre mondiale. Ce n'est pas au point de vue de « mon » pays que je dois raisonner, (il faut laisser cela aux malheureux crétin, au bourgeois nationaliste, qui ne comprend pas qu'il est un jouet entre les mains de la grande bourgeoisie impérialiste), mais au point de vue de ma *participation* à la préparation, à la propagande, à l'accélération de la révolution prolétarienne universelle.

Voilà ce que c'est que l'internationalisme, voilà quel est le devoir de l'ouvrier révolutionnaire, vraiment socialiste et internationaliste. C'est l'*a b c* que le renégat Kautsky a oublié. Mais, où son apostasie apparaît mieux, c'est quand, de la tactique qu'il approuve des nationalistes petits bourgeois (menchéviks en Russie, longuettistes en France, Turati en Italie, Haase et Cie en Allemagne), il passe à la critique de la tactique bolchéviste:

« La révolution bolchéviste a été faite dans l'hypothèse qu'elle serait le point de départ de la révolution générale européenne, et que l'initiative hardie de la

Russie inciterait tous les prolétaires d'Europe à se soulever.

« Dans cette conjecture, peu importait naturellement quelle forme prendrait la paix séparée russe, quels sacrifices et quelles pertes de territoires elle entraînerait (littér.: mutilations, Verstümmelungen) pour le peuple russe, quelle solution elle donnerait au principe des nationalités. Que la Russie fût alors capable de se défendre ou non, cela n'avait aucune importance. Suivant les prévisions bolchévistes, la révolution européenne devait être la plus sûre sauvegarde de la révolution russe; elle devait assurer à tous les peuples disséminés sur l'ancien territoire russe la vraie et entière liberté de décider de leur sort.

« La révolution européenne, qui devait apporter et affermir le socialisme, devait aussi servir à écarter les obstacles qu'opposait, à la réalisation en Russie du système de production socialiste, l'état économique arriéré du pays.

« Tout cela était très logique et parfaitement réalisable, une fois la prémisse admise, que la révolution russe devait déclencher la révolution européenne. Mais au cas où ces prévisions ne se réaliseraient pas?

« Jusqu'ici cette hypothèse ne s'est pas justifiée. Et maintenant, on reproche aux prolétaires d'Europe d'avoir abandonné et trahi la révolution russe. C'est une plainte contre inconnus, car qui peut-on rendre responsable de la conduite du prolétariat européen ? » (p. 28). Là-dessus, Kautsky ajoute que Marx, Engels, Bebel ont été maintes fois trompés dans leur attente de la révolution, mais que jamais ils n'ont fondé leur tactique sur l'attente de la révolution « à date fixe » (p. 29), tandis que les bolchéviks ont « mis tout leur enjeu sur la révolution générale en Europe ».

Nous avons exprès produit cette longue citation, pour montrer au lecteur avec quelle « adresse » Kautsky dénature le marxisme, en le mélangeant d'idées bourgeoises banales et réactionnaires.

Tout d'abord, attribuer à son adversaire une franche bêtise pour ensuite la réfuter, c'est un procédé de gens pas très malins. Ç'eût été une sottise indéniable de la part des bolchéviks de fonder leur tactique sur l'attente de la révolution dans les autres pays « à date fixe ». Mais il est faux que le parti bolchéviste ait commis cette sottise: dans ma lettre aux ouvriers américains (20. VIII. 1918), je mets en garde contre cette erreur en disant que nous escomptons la révolution américaine, mais non pas à une date fixe. Dans ma campagne contre les s.-r. de gauche et les « communistes de gauche », (janvier-mars 1918), j'ai à plusieurs reprises développé la même idée. Kautsky a commis un petit, un tout petit escamotage sur lequel il a fondé toute sa critique du bolchévisme. Il a mêlé ensemble la tactique qui comptait sur la révolution européenne à une date plus ou moins rapprochée, mais en tout cas pas à date fixe, et la tactique qui comptait sur la révolution européenne à date fixe. Ce n'est qu'une toute petite supercherie, un faux sans importance!

La seconde tactique est une sottise. La première est *obligatoire* pour tout marxiste, pour tout prolétaire révolutionnaire, pour tout internationaliste; *obligatoire*, car elle seule tient exactement compte, comme l'enseigne le marxisme, de la situation objective résultant de la guerre dans tous les pays d'Europe, elle seule répond à la mission internationale du prolétariat.

En substituant malhonnêtement, à la grosse question des principes de la tactique révolutionnaire dans son ensemble, la question mesquine de l'erreur qu'auraient pu commettre les révolutionnaires bolchéviks, mais qu'ils n'ont pas commise, Kautsky a honteusement opéré son reniement de la tactique révolutionnaire en général.

Renégat politique, *il ne sait même pas* en théorie poser la question des prémisses objectives de la tactique révolutionnaire.

En second lieu, tout marxiste est tenu de compter sur la révolution européenne, du moment qu'on se trouve en présence d'une *situation révolutionnaire*. C'est l'*a b c* du marxisme que la tactique du prolétariat socialiste ne peut être la même, quand il se trouve en présence d'une *situation révolutionnaire*, quand il n'y en a pas l'ombre.

Si Kautsky avait seulement posé cette question, obligatoire pour tout marxiste, il aurait vu que la réponse était nécessairement contre lui. Bien avant la guerre, tous les marxistes, tous les socialistes étaient d'accord que la guerre européenne créerait une situation révolutionnaire. Kautsky lui-même le reconnaissait nettement et sans hésiter, avant de devenir renégat, en 1902 (*La Révolution Sociale*), et en 1909 (*Le Chemin du Pouvoir*). Le manifeste de Bâle le reconnaissait au nom de toute la II° Internationale; on comprend que les social-chauvins et les kautskystes (les « centristes », ces gens qui oscillent entre les révolutionnaires et les opportunistes), de tous les pays craignent comme le feu les déclarations du manifeste de Bâle à ce sujet.

Par conséquent, l'attente d'une situation révolutionnaire en Europe n'était pas une fantaisie des bolchéviks, mais *l'opinion commune* de tous les marxistes. Lorsque Kautsky se débarrasse de cette vérité indiscutable, par des phrases comme celle-ci: les bolchéviks « ont toujours cru à la toute-puissance de la violence et de la volonté », c'est bien là une phrase creuse destinée à couvrir sa fuite, sa fuite honteuse, devant la question qui s'impose, de la situation révolutionnaire.

Ensuite, sommes-nous en présence d'une situation révolutionnaire ou non? Cette question-là non plus, Kautsky n'a pas su la poser. La meilleure réponse y est fournie par les faits économiques: la famine et la ruine universelles engendrées par la guerre dénotent une situation révolutionnaire. Une autre réponse nous est fournie par les faits politiques: dès 1915, se manifesta dans *tous* les pays le processus de dissolution des vieux partis socialistes pourris, le processus de *gauchissement des masses* prolétariennes quittant leurs chefs social-patriotes pour passer aux idées et à la mentalité révolutionnaires, aux chefs révolutionnaires.

Lorsque le 5 août 1918, Kautsky écrivait sa brochure, en ne voyant pas tout cela il craignait la révolution et la trahissait déjà. Or, voici que maintenant, fin octobre 1918, la révolution grandit à vue d'œil dans une *série* de pays d'Europe. Le « révolutionnaire » Kautsky, qui voudrait continuer de passer pour un marxiste, a fait preuve, semblable à cela aux philistins de 1847, tournés en dérision par Marx, d'une myopie telle, qu'il n'a pas vu la révolution qui approche!

En troisième lieu, quelles sont les particularités de la tactique révolutionnaire, une fois admise l'existence d'une situation révolutionnaire en Europe? Kautsky, en bon renégat, a eu peur de poser cette question obligatoire pour tout marxiste. Il raisonne comme un bourgeois philistin typique ou comme le plus ignorant des paysans: la « révolution générale européenne » a-t-elle éclaté, ou non? Si elle a éclaté, alors *lui aussi* est prêt à se faire révolutionnaire! Mais dans ce cas, remarquons-le, tout chenapan, comme ces coquins qui se collent parfois aux bolchéviks victorieux, se déclare lui aussi révolutionnaire!

Si non, Kautsky se détourne avec horreur de la révolution! Il ne comprend pas du tout cette vérité, que ce qui distingue le marxiste révolutionnaire du vulgaire et du bourgeois, c'est de savoir prêcher aux masses ignorantes la nécessité de la révolution qui mûrit; d'en *démontrer* l'inéluctabilité, d'en *expliquer* l'utilité pour le peuple, *d'y préparer* le prolétariat et toutes les masses laborieuses et exploitées.

Kautsky attribue aux bolchéviks un non-sens en prétendant qu'ils ont mis tout leur enjeu sur une carte, lorsqu'ils comptaient sur la révolution européenne à une date fixe. Ce non-sens s'est retourné contre Kautsky puisque, d'après son raisonnement, la tactique des bolchéviks eût été juste si la révolution était arrivée le 5 août 1918! C'est la date qu'il donne à la composition de sa brochure. Et lorsque, quelques semaines après cette date du 5 août, il fut clair que la révolution commençait dans bon nombre de pays d'Europe, toute l'apostasie de Kautsky, toute sa falsification du marxisme, toute son incapacité à raisonner en révolutionnaire, et même à poser les questions en révolutionnaire, apparurent dans toute leur beauté!

Accuser de trahison les prolétaires d'Europe, écrit Kautsky, c'est porter une plainte contre inconnus.

Erreur, Monsieur Kautsky! Regardez dans la glace,

vous y verrez les « inconnus » contre qui est dirigée
cette accusation. Kautsky fait le naïf, il feint de ne
pas comprendre d'où vient cette accusation et *quel
sens* elle a. En réalité, Kautsky sait parfaitement bien
que cette accusation est venue et vient des « gauches »
allemandes, des spartakistes, de Liebknecht et de ses
amis. Cette accusation exprime la claire conscience
qu'ils ont de la trahison commise par le prolétariat
allemand envers la révolution russe et internationale,
lorsqu'il a étouffé la Finlande, l'Ukraine, la Lettonie
et l'Esthonie. Cette accusation est dirigée avant tout
et surtout, non pas contre la masse qui est toujours
accablée, mais contre les *chefs* qui, comme Scheidemann et Kautsky, *ont failli* à leur devoir de propagande et d'agitation révolutionnaires, de travail révolutionnaire contre la stagnation des masses, et ont
contrecarré en fait les instincts et les aspirations
révolutionnaires qui couvent toujours au fond de la
masse de la classe opprimée. Les Scheidemann ont
directement, grossièrement, cyniquement, et la plupart du temps pour des motifs intéressés, trahi le prolétariat et passé dans le camp de la bourgeoisie. Les
kautskystes et les longuettistes ont fait la même chose,
en hésitant, en oscillant, en cherchant lâchement le
puissant du jour. Kautsky, par tous ses écrits de
guerre, a constamment cherché à *étouffer* l'esprit révolutionnaire au lieu de l'entretenir et de le développer.

Ce sera dans l'histoire un pur monument de l'abê-
tissement bourgeois du chef « moyen » de la social-
démocratie officielle allemande, que Kautsky ne comprenne pas la *portée théorique* colossale, et la portée
de propagande et d'agitation encore plus grande, de
cette « accusation » de trahison envers la révolution

russe, portée contre les prolétaires d'Europe! Kautsky ne comprend pas que cette « accusation », sous le régime de la censure « impériale » allemande, est à peu près le seul moyen pour les socialistes allemands restés fidèles au socialisme, Liebknecht et ses amis, d'exprimer leur *appel aux ouvriers allemands* à rejeter les Scheidemann et les Kautsky, à repousser de tels « chefs », à se libérer de leur prédication abêtissante et avilissante, à s'élever *malgré eux, sans eux, par dessus eux*, jusqu'à la révolution!

Kautsky ne comprend pas cela. Est-ce qu'il est capable de comprendre la tactique des bolchéviks? Peut-on attendre d'un homme qui a renié la révolution en général, qu'il pèse et apprécie les conditions du développement de la révolution dans un des cas les plus « difficiles »?

La tactique des bolchéviks a été juste, elle était la seule tactique internationaliste, car elle se basait non pas sur une peur lâche de la révolution ou sur un scepticisme bourgeois à son égard, non pas sur un désir étroitement nationaliste de défendre « leur » patrie, (la patrie de leur bourgeoisie) en se moquant de tout le reste, elle était fondée sur l'attente exactement escomptée et reconnue de tout le monde avant la guerre, avant l'apostasie des social-chauvins et des social-pacifistes, d'une situation révolutionnaire européenne. Cette tactique était la seule tactique internationaliste, car elle faisait le maximum de ce qu'on peut faire dans un pays pour développer, soutenir, éveiller la révolution *dans tous les pays*. Cette tactique s'est vue justifiée par un succès colossal, car le bolchévisme (non pas en vertu des mérites des bolchéviks russes, mais en vertu de la profonde sympathie des *masses* du monde entier pour leur tactique vraiment révolutionnaire) est devenu le bolchévisme *mondial*, il a donné une idée, une théorie, un programme, une tactique concrètement et pratiquement toutes différentes du social-chauvinisme et du social-pacifisme.

Le bolchévisme a achevé la vieille Internationale pourrie des Scheidemann et des Kautsky, des Renaudel et des Longuet, des Henderson et des Macdonald, qui vont maintenant s'embarrasser les uns les autres dans leurs rêves « d'unité » et leurs efforts pour ressusciter un cadavre. Le bolchévisme a *créé* les fondements théoriques et tactiques de la III° Internationale, vraiment prolétarienne et communiste, répondant à la fois aux conquêtes du temps de paix et à l'expérience de l'*ère commençante des révolutions*.

Le bolchévisme a popularisé dans le monde entier l'idée de la « dictature du prolétariat », il a traduit ces mots du latin d'abord en russe, puis dans *toutes* les langues du monde, il a montré par l'exemple du *pouvoir des Soviets* que les ouvriers et les paysans les plus pauvres, même d'un pays arriéré, même les moins expérimentés, les moins instruits, les moins habitués à l'organisation, ont été en état, pendant une année entière, au milieu de difficultés gigantesques, obligés de lutter contre les exploiteurs soutenus par la bourgeoisie du monde entier, de maintenir le pouvoir des travailleurs, de créer une démocratie infiniment plus haute et plus large que toutes les démocraties antérieures, de commencer le travail créateur de dizaines de millions d'ouvriers et de paysans pour la réalisation pratique du socialisme.

Le bolchévisme a réellement favorisé le développement de la révolution prolétarienne en Europe et en

Amérique, plus fortement qu'aucun parti dans aucun pays n'a encore pu le faire. En même temps que les ouvriers du monde entier comprennent chaque jour plus clairement que la tactique des Scheidemann et des Kautsky ne les a pas préservés de la guerre impérialiste, ni de l'esclavage salarié au profit de la bourgeoisie impérialiste, et que cette tactique ne saurait être donnée en exemple au monde, les masses prolétariennes internationales comprennent chaque jour plus clairement que le bolchévisme est la seule planche de salut contre les horreurs de la guerre et de l'impérialisme, que le bolchévisme *peut servir de modèle de tactique pour tous.*

La révolution prolétarienne mûrit à vue d'œil non seulement en Europe, mais dans l'Univers, et c'est la victoire du prolétariat en Russie qui l'a favorisée, précipitée et soutenue. Sans doute, nous sommes encore loin de la victoire complète du socialisme. Un pays seul ne peut faire plus. Mais ce pays seul, grâce au pouvoir des Soviets, en a fait tellement que, même si demain le pouvoir des Soviets en Russie était écrasé par l'impérialisme mondial, par exemple par une coalition de l'impérialisme allemand avec l'impérialisme anglo-français, même dans le cas le plus défavorable, la tactique bolchéviste n'en aurait pas moins rendu un service sans précédent au socialisme et n'en aurait pas moins assuré la croissance de la révolution mondiale invincible.

Obséquiosité à l'égard de la bourgeoisie sous prétexte d'analyse économique

Comme on l'a déjà dit, si le titre correspondait bien au contenu, le livre de Kautsky devrait s'appeler non pas: « La dictature du prolétariat », mais « Transposition des attaques de la bourgeoisie contre les bolchéviks ».

Les vieilles « théories » des menchéviks sur le caractère bourgeois de la révolution russe, c'est-à-dire la vieille déformation du marxisme par les menchéviks, *condamnés* en 1905 par Kautsky, notre théoricien nous les ressert maintenant réchauffées. Si fastidieuse que soit cette question pour les marxistes russes, nous devrons nous y arrêter.

La révolution russe est une révolution bourgeoise, disaient tous les marxistes de Russie avant 1905. Les menchéviks, en substituant au marxisme un libéralisme, en ont conclu: le prolétariat ne doit donc pas aller au delà de ce qui est accepté par la bourgeoisie, il doit faire une politique d'entente avec elle. Les bolchéviks disaient que c'était là une théorie bourgeoise-libérale. La bourgeoisie s'efforce de transformer l'Etat à la mode bourgeoise, c'est-à-dire *réformiste* et non révolutionnaire, en maintenant autant que possible et la monarchie, et la grande propriété, et le reste. Le prolétariat doit mener la révolution démocratique-bourgeoise jusqu'au bout, sans se laisser « lier » par le réformisme de la bourgeoisie.

Les bolchéviks formulaient ainsi la position des diverses *classes* lors de la révolution bourgeoise: le prolétariat, s'adjoignant les paysans, neutralise la bourgeoisie libérale et fait table rase de la monarchie, de la féodalité et de la grande propriété foncière.

C'est dans cette alliance du prolétariat avec la classe paysanne que se marque en général le caractère bourgeois de la révolution, car les paysans sont dans l'ensemble de petits producteurs, créateurs de produits marchands. En outre, ajoutaient alors les bolchéviks, le prolétariat s'annexe tout le *demi-prolétariat* (tous les travailleurs et exploités), il neütralise la classe paysanne moyenne et *jette à bas* la bourgeoisie; voilà en quoi consiste la révolution socialiste par opposition à la révolution démocratique-bourgeoise (voir ma brochure de 1905: *Deux tactiques*, réimprimée dans le recueil: *Douze années*, Pétersbourg, 1907).

Kautsky prit une part indirecte à cette discussion en 1905, lorsque, interrogé par Plékhanov, alors menchévik, il se prononça à fond contre lui, ce qui provoqua alors les sarcasmes de la presse bolchéviste. Maintenant, Kautsky *ne souffle plus mot* des anciennes discussions (il craint d'être confondu par ses propres déclarations!) et il enlève ainsi au lecteur allemand toute possibilité de comprendre le fond de la question. M. Kautsky *ne pouvait pas* raconter aux ouvriers allemands, en 1918, qu'en 1905 il prônait l'alliance des ouvriers avec les paysans et non pas avec la bourgeoisie libérale, ni à quelles conditions il recommandait cette alliance, ni quel programme il avait en vue pour cette alliance.

Marchant ainsi à reculons, Kautsky, sous prétexte d' « analyse économique », avec des phrases ronflantes sur le « matérialisme historique », se montre maintenant partisan de la subordination des ouvriers à la bourgeoisie, et rabâche à grands coups de citations de Maslov, les vieilles idées libérales des menchéviks; avec ces citations, il prouve comme une chose nouvelle l'état retardataire de la Russie et, de cette idée nouvelle, il tire cette vieille conclusion que dans une révolution bourgeoise on ne saurait aller plus loin que la bourgeoisie! Et cela, en dépit de tout ce qu'ont dit Marx et Engels, comparant la révolution bourgeoise de 1789-1793 en France avec la révolution bourgeoise en Allemagne de 1848!

Avant de passer à « l'argument » principal et au contenu principal de « l'analyse économique » de Kautsky, remarquons la curieuse confusion de pensées ou la légèreté de l'auteur que dénotent déjà les premières phrases:

« Le fondement économique de la Russie, vaticine notre « théoricien », c'est jusqu'à présent l'agriculture, et qui plus est, la petite production paysanne. Elle fait vivre environ les quatre cinquièmes, sinon les cinq sixièmes de la population » (p. 45). Tout d'abord, cher théoricien, avez-vous songé au nombre d'exploiteurs qui peuvent se trouver parmi cette masse de petits producteurs? Certainement, pas plus d'un dixième, et encore moins dans les villes, où la grosse production est plus développée. Prenez même un chiffre invraisemblable et supposez qu'un cinquième des petits producteurs soient des exploiteurs perdant le droit de vote. Même alors vous verrez que les 66 0/0 de bolchéviks au cinquième Congrès des Soviets représentaient la *majorité de la population*. A cela il faut encore ajouter qu'une proportion imposante des s.-r. de gauche a toujours été pour le pouvoir des Soviets. En principe tous les s.-r. de gauche étaient pour le pouvoir des Soviets. Et lorsqu'une partie d'entre eux se fut risquée dans l'émeute de juillet 1918, deux nouveaux partis se détachèrent de l'ancien parti: celui des « Communistes populistes » et celui des « Communistes révolutionnaires », (parmi les s.-r. en vue, déjà portés par l'ancien parti aux postes les plus importants dans l'Etat, on peut citer dans le premier groupe Sachs, et dans le deuxième Kalégaiev). Conclusion: Kautsky lui-même a réfuté, oh! bien involontairement, cette légende ridicule que les bolchéviks n'ont pour eux que la minorité de la population.

Ensuite, mon cher théoricien, avez-vous songé que le petit producteur paysan *oscille* inévitablement entre le prolétariat et la bourgeoisie? Cette vérité marxiste, confirmée par toute l'histoire de l'Europe contemporaine, Kautsky l'a « oubliée » fort à propos, car elle réduit en poussière toute la « théorie » menchéviste reproduite par lui. Si Kautsky ne l'avait pas ainsi oubliée, il n'aurait pu nier la nécessité de la dictature du prolétariat dans un pays où dominent les petits producteurs paysans.

Examinons le contenu essentiel de l' « analyse économique » de notre théoricien.

Que le pouvoir soviétiste soit une dictature, cela est incontestable, dit Kautsky. « Mais est-ce bien la dictature du *prolétariat?* » (p. 34). « D'après la constitution soviétiste, les paysans composent la majorité de la population jouissant du droit de participer à la lé-législation et à l'administration. Ce qu'on nous donne comme la dictature du *prolétariat*, si toutefois elle était réalisée logiquement et si, de façon générale, une classe pouvait directement réaliser la dictature, ce qui n'est possible que pour un parti, ne serait autre chose que la dictature de la classe paysanne » (p 35).

Enchanté d'un raisonnement aussi profond et aussi spirituel, le bon Kautsky se risque à l'ironie: « Il en résulterait que le plus sûr moyen d'obtenir sans à-coups la réalisation du socialisme serait de la confier aux mains des paysans » (p. 35).

A grands renforts de détails et de citations extraordinairement savantes du demi-libéral Maslov, notre théoricien prouve cette idée nouvelle que les paysans sont intéressés à ce que le prix du blé soit élevé et le salaire des ouvriers des villes maintenu bas, etc., etc... L'exposition d'idées aussi originales suscite, disons-le en passant, d'autant plus d'ennui que l'auteur accorde moins d'attention aux phénomènes vraiment nouveaux résultant de la guerre, à savoir, par exemple, que les paysans exigent en échange du blé non pas de l'argent, mais des marchandises, que les paysans manquent d'instruments qu'il est impossible de se procurer à n'importe quel prix. Nous reviendrons plus loin sur cette question.

Ainsi donc, Kautsky accuse le parti du prolétariat, les bolchéviks, d'avoir remis la dictature, remis la tâche de réaliser le socialisme, entre les mains de la classe paysanne petite-bourgeoise. A merveille, Monsieur Kautsky! Mais d'après votre avis hautement éclairé, quelle devrait donc être l'attitude du parti prolétarien à l'égard de la petite bourgeoisie paysanne?

Là-dessus, notre théoricien a préféré se taire, en mémoire sans doute du proverbe: « La parole est d'argent, mais le silence est d'or ». Mais il s'est trahi par la réflexion suivante:

« Dans les débuts de la République Soviétiste, les Soviets Paysans étaient des organisations de la *classe paysanne* dans son ensemble. Maintenant cette République proclame que les Soviets sont des organisations des prolétaires et des paysans *pauvres*. Les paysans aisés perdent le droit d'élection aux Soviets. Le paysan pauvre est reconnu ici comme un produit permanent et universel de la réforme agraire socialiste sous la « dictature du prolétariat » (p. 48).

Quelle ironie meurtrière! Vous pouvez l'entendre dire en Russie par le premier bourgeois venu; les bourgeois se réjouissent de voir que la République

Soviétiste reconnaisse franchement l'existence des paysans pauvres. Ils tournent en dérision le socia-. lisme. C'est leur droit. Mais le « socialiste » qui rit parce qu'après une guerre extraordinairement ruineuse de quatre années, il y a et il y aura encore longtemps chez nous des paysans pauvres, un pareil « socialiste » ne pouvait naître que dans un pur milieu de renégats.

Ecoutez encore !

« La République Soviétiste intervient dans les relations entre paysans riches et paysans pauvres, mais non pas par une nouvelle répartition de la terre. Pour subvenir aux besoins alimentaires des citadins, on envoie dans les campagnes des détachements d'ouvriers armés qui enlèvent de force aux paysans riches leur superflu de blé. Une partie de ce blé va aux habitants des villes, l'autre aux paysans pauvres » (p. 48).

Naturellement, le socialiste et marxiste Kautsky est profondément indigné à l'idée qu'une semblable mesure puisse s'étendre au delà de la banlieue des grandes villes (or, chez nous elle s'étend au pays tout entier). Le socialiste et marxiste Kautsky remarque sentencieusement avec le flegme (ou la bêtise) sans pareil, incomparable, admirable du philistin: « Elles (ces expropriations de paysans riches) apportent un nouvel élément de trouble et de guerre civile dans le processus de production qui, pour s'assainir, a un besoin urgent de tranquillité et de sécurité » (p. 49).

Oui, oui, la tranquillité et la sécurité des exploiteurs et des agioteurs en blé qui cachent leur superflu, enfreignent la loi sur le monopole des grains et condamnent à la famine la population des villes, sur tout cela le marxiste et socialiste Kautsky a raison de soupirer et de verser des pleurs. « Nous sommes tous socialistes et marxistes et internationalistes, crient en chœur les sieurs Kautsky, Henri Weber (Vienne), Longuet (Paris), Macdonald (Londres), etc.; nous sommes tous pour la révolution de la classe ouvrière, seulement... seulement à condition de ne pas troubler la tranquillité et la sécurité des spéculateurs en blé! Et cette vile obséquiosité envers les capitalistes, nous la couvrons de la théorie « marxiste » sur le « processus de la production »... Si c'est cela du marxisme, comment nommerez-vous la servilité devant la bourgeoisie?

Voyez les conclusions de notre théoricien. Il accuse les bolchéviks de vouloir faire passer la dictature des paysans pour la dictature du prolétariat. En même temps il nous accuse de porter la guerre civile dans les campagnes, ce que nous regardons comme un *mérite*, d'envoyer dans les villages des détachements d'ouvriers armés qui proclament ouvertement qu'ils réalisent la « dictature du prolétariat et des paysans pauvres », et aident ces derniers à reprendre aux spéculateurs et aux paysans riches le superflu de blé qu'ils cachent en violation de la loi sur le monopole des grains.

D'un côté, notre théoricien marxiste est pour la démocratie pure, pour la soumission de la classe révolutionnaire, guide des travailleurs et des exploités, à la majorité de la population (y compris par conséquent les exploiteurs). D'autre part, il démontre contre nous le caractère bourgeois inéluctable de la révolution, bourgeois parce que la classe paysanne dans son ensemble est pour la société bourgeoise. En même temps, il prétend défendre le point de vue de classe prolétarien et marxiste.

Ce n'est pas là une « analyse économique », mais

un gâchis et une confusion d'idées de la pire espèce. Au lieu de marxisme, ce sont des bribes de doctrines libérales et des démonstrations de servilité devant la bourgeoisie et devant les exploiteurs ruraux.

La question ainsi embrouillée par Kautsky a été éclaircie à fond par les bolchéviks dès 1905. Oui, notre révolution est bourgeoise, *tant que* nous marchons d'accord avec la classe paysanne dans son ensemble. Cela, nous l'avons compris — car c'est clair comme le jour — nous l'avons répété des centaines et des milliers de fois depuis 1905, jamais nous n'avons essayé ni de sauter cette étape nécessaire du processus historique, ni de l'abolir par décret. En s'évertuant à nous « confondre » sur ce point, Kautsky ne montre que la confusion de son esprit et la crainte qu'il a de se rappeler ce qu'il écrivait en 1905, avant d'être renégat.

Dès le mois d'avril 1917, bien avant la révolution de novembre et notre prise du pouvoir, nous disions ouvertement et nous expliquions au peuple: la révolution ne pourra pas s'en tenir là, le pays a progressé, le capitalisme a marché de l'avant, la ruine a pris des proportions inouïes qui exigeront, qu'on le veuille ou non, un progrès ultérieur, jusqu'au socialisme. Car il n'y a pas d'autre moyen de progresser, de sauver le pays tourmenté par la guerre, de soulager les souffrances des travailleurs et des exploités: *il n'y a pas d'autre moyen.*

Les événements ont pris exactement la tournure que nous avons prédite. Le cours de la révolution a confirmé la justesse de nos réflexions. *D'abord* avec toute la classe paysanne contre la monarchie, contre les grands propriétaires fonciers, contre la féodalité (et en cela la révolution reste bourgeoise, démocratique-bourgeoise). *Ensuite*, avec la classe paysanne pauvre, avec le demi-prolétariat, avec tous les exploités *contre le capitalisme*, y compris les riches campagnards, les accapareurs, les spéculateurs, et dès lors la révolution devient *socialiste*. Tenter de dresser artificiellement une muraille de Chine entre l'une et l'autre, de les séparer l'une de l'autre par autre chose que par le degré de préparation du prolétariat et le degré de son union avec la classe pauvre des campagnes, c'est dénaturer à l'extrême le marxisme, l'avilir et le remplacer par le libéralisme. C'est vouloir, en se référant d'une manière soi-disant savante au progrès constitué par le régime bourgeois par rapport à la féodalité, faire œuvre de réaction en défendant la bourgeoisie par rapport au prolétariat socialiste.

Du reste, si les Soviets personnifient une forme et un type incomparablement plus hauts du démocratisme, c'est précisément parce que, groupant et entraînant dans la politique *la masse des ouvriers et paysans*, ils sont l'institution la plus proche du « peuple », au sens où Marx en 1871 parlait de la vraie révolution populaire, et offrent le baromètre le plus sensible du développement et du degré croissant de maturité politique et de la conscience de classe des masses. La Constitution Soviétiste n'a pas été écrite d'après un « plan », elle n'a pas été composée dans un cabinet et n'a pas été imposée aux travailleurs par les juristes bourgeois. Non, cette Constitution a *surgi* au cours du développement de la *lutte de classes*, à mesure que mûrissaient les antagonismes de classes. Cela est confirmé par les faits mêmes que Kautsky est obligé de reconnaître.

Au début, les Soviets groupaient la classe paysanne

dans son ensemble. Le manque de développement, le caractère retardataire et l'ignorance des paysans pauvres laissaient toute la direction entre les mains des accapareurs, des enrichis, des capitalistes, des intellectuels petits-bourgeois. C'était l'époque de l'hégémonie de la petite bourgeoisie, des menchéviks et des socialistes-révolutionnaires (pour croire les uns et les autres, il faut être un niais ou un renégat comme Kautsky). La petite bourgeoisie ne pouvait manquer d'osciller entre la dictature de la bourgeoisie (Kérensky, Kornilov, Savinkov) et la dictature du prolétariat. Car, par un caractère profond de sa situation économique, la petite bourgeoisie est incapable de quoi que ce soit d'indépendant. Soit dit en passant, Kautsky renie complètement le marxisme quand, dans son analyse de la révolution russe, il s'en tient à la notion juridique et formelle de « démocratie », qui ne peut que permettre à la bourgeoisie de masquer sa domination et de tromper les masses, *oubliant* que démocratie veut dire parfois *dictature de la bourgeoisie,* parfois réformisme impuissant de la petite bourgeoisie qui s'incline sous cette dictature, etc. D'après Kautsky, il résulterait que, dans un pays capitaliste, il y avait des partis bourgeois, un parti prolétarien entraînant derrière lui la majorité du prolétariat, sa masse (les bolchéviks), mais *qu'il n'y avait pas* de partis petits-bourgeois! Il n'y aurait pas de classe où les menchéviks et les s.-r. aient leurs racines, ils ne seraient pas les partis de la petite bourgeoisie!

Les hésitations de la petite bourgeoisie, des menchéviks et des s.-r., ont éclairé les masses et ont éloigné leur immense majorité, toutes les « basses couches », tous les prolétaires et demi-prolétaires, de pareils « guides ». Dans les soviets, ce furent les bolchéviks qui eurent la prédominance (à Pétrograd et à Moscou vers novembre 1917), tandis que parmi les s.-r. et les menchéviks, la scission s'accentuait.

Le triomphe de la révolution bolchéviste marque le terme des hésitations, assure la destruction de la monarchie et de la grande propriété foncière, qui, avant la révolution de novembre, *n'avait pas été détruite*. La révolution *bourgeoise* a été menée par nous à son terme. La masse paysanne tout entière a marché derrière nous. Son antagonisme envers le prolétariat socialiste ne pouvait se manifester au premier abord. Les Soviets groupaient alors la classe paysanne *en général*. La différenciation des classes au sein de la masse paysanne n'était pas encore mûre, ne s'était pas encore manifestée extérieurement.

Ce processus alla se développant durant l'été et l'automne de 1918. L'insurrection contre-révolutionnaire des Tchéco-Slovaques réveilla les accapareurs. A travers toute la Russie, passa une vague d'insurrections d'accapareurs. Ce n'est ni par les livres, ni par les journaux, mais par la vie que les paysans pauvres apprirent l'incompatibilité de leurs intérêts avec ceux des accapareurs, des riches et de la bourgeoisie rurale. Les socialistes-révolutionnaires de gauche, comme tout parti petit-bourgeois, reflétaient les oscillations des masses et, précisément dans l'été de 1918, ils se scindèrent: une partie d'entre eux fit cause commune avec les Tchéco-Slovaques (insurrection de Moscou, pendant laquelle Prochiane, devenu pour une heure maître du télégraphe, informa la Russie du renversement des bolchéviks; ensuite, trahison de Mouraviev, commandant en chef de l'armée opposée aux Tchéco-Slovaques, etc.); une autre partie resta fidèle aux bolchéviks.

La crise de plus en plus aiguë du ravitaillement dans les villes fit se poser de plus en plus vivement la question du monopole des grains, oubliée par le théoricien Kautsky dans son analyse économique, qui répète les vieux aphorismes trouvés il y a dix ans chez Maslov.

L'ancien Etat, propriétaire et bourgeois, même l'Etat républicain-démocratique, envoyait dans les campagnes des expéditions armées qui se trouvaient en fait à la disposition de la bourgeoisie. Cela, M. Kautsky l'ignore! Il ne voit pas par là de « dictature de la bourgeoisie ». Dieu nous en préserve! Cela est de la « démocratie pure », surtout une fois sanctionné par un parlement bourgeois! Qu'Avxentiev et Maslov, de concert avec les Kérensky, Tsérételli et autres membres des partis s.-r. et menchévik, aient emprisonné pendant l'été et l'automne de 1917 les membres des comités agraires, cela, Kautsky n'en a point « entendu parler », de tout cela, il ne dit mot!

C'est que l'Etat bourgeois, qui réalise la dictature de la bourgeoisie au moyen de la république démocratique, ne peut avouer au peuple qu'il sert la bourgeoisie, il ne peut dire la vérité, il est obligé de faire l'hypocrite.

L'Etat du type « Commune », au contraire, l'Etat soviétiste, dit franchement et ouvertement au peuple *la vérité*, déclarant qu'il est la dictature du prolétariat et des paysans pauvres, et ce franc aveu attire à lui des dizaines de millions de nouveaux citoyens qui resteraient abêtis sous n'importe quelle république démocratique, mais que les soviets font participer à la politique, à la *démocratie*, à la gestion de l'Etat. La république soviétiste expédie dans les campagnes des détachements d'ouvriers armés choisis, surtout dans les capitales, parmi les plus développés. Ces ouvriers propagent le socialisme dans les campagnes, attirent à eux la couche pauvre, l'organisent, l'instruisent, l'aident à *réprimer la résistance de la bourgeoisie.*

Tous ceux qui sont au courant de la situation et qui ont séjourné au village disent que maintenant seulement, dans l'été et l'automne de 1918, nos campagnes éprouvent la révolution de novembre, c'est-à-dire prolétarienne. La crise se déclare. La vague des insurrections d'accapareurs fait place à l'élan des paysans pauvres, à l'accroissement des « comités de miséreux ». Dans l'armée croît le nombre des commissaires, des chefs, des commandants de divisions et d'armées sortis des ouvriers. Tandis que Kautsky, effrayé par la crise de juillet (1918) et les lamentations de la bourgeoisie, se fait tout petit devant celle-ci, et écrit toute une brochure pénétrée de l'idée que les bolchéviks sont à la veille d'être renversés par les paysans, tandis qu'il voit, dans la défection des s.-r. de gauche, un « rétrécissement » (p. 37) du cercle de ceux qui soutiennent les bolchéviks, en ce moment, le cercle *actif* des partisans du bolchévisme *s'élargit immensément,* car des dizaines et des dizaines de millions de paysans pauvres s'éveillent à la vie politique *personnelle,* après s'être affranchis de la tutelle et de l'influence des accapareurs et de la bourgeoisie rurale.

Nous avons perdu des centaines de s.-r. de gauche, ces intellectuels sans caractère, ou ces paysans accapareurs; nous avons acquis des millions de représentants des classes pauvres (1).

____

(1) Au 6° Congrès des Soviets (7-9. XI. 1918), Il y avait avec voix délibérative 967 délégués, dont 950 bolchéviks. Avec voix consultative, 351, dont 335 bolchéviks. Au total 97 0/0 de bolchéviks.

Une année après la révolution prolétarienne dans les capitales, s'est opérée sous son influence et avec sa coopération la révolution prolétarienne dans les campagnes les plus reculées; le pouvoir soviétiste et le bolchévisme en sont sortis définitivement affermis, et il est définitivement démontré que, dans le pays, il n'y a pas de puissance capable de les ébranler.

Après avoir achevé la révolution démocratique-bourgeoise de pair avec la classe paysanne en général, le prolétariat de Russie a procédé résolument à la révolution socialiste, quand il a réussi à faire la différenciation dans les campagnes, à attirer de son côté les prolétaires et demi-prolétaires ruraux et à les grouper contre les accapareurs et la bourgeoisie, y compris la bourgeoisie paysanne.

Si le prolétariat bolchéviste des capitales et des grands centres industriels n'avait pas su grouper autour de lui les pauvres des villages contre les paysans riches, alors nous aurions eu la preuve que la Russie n'est pas « mûre » pour la révolution socialiste; alors la classe paysanne serait restée « intacte », c'est-à-dire sous la domination économique, politique et morale des accapareurs, des parvenus, de la bourgeoisie; alors la révolution ne serait pas sortie des bornes de la révolution démocratique-bourgeoise. Mais, soit dit entre parenthèses, cela ne prouverait pas encore que le prolétariat ne devait point prendre le pouvoir. Il n'y a que le prolétariat qui puisse mener à bonne fin la révolution démocratique bourgeoise, il n'y a que le prolétariat qui puisse sérieusement continuer à hâter la révolution prolétarienne universelle, il n'y avait que le prolétariat qui fût capable de créer l'Etat soviétiste, la deuxième étape après la Commune, dans l'acheminement vers l'Etat socialiste.

D'autre part, si le prolétariat bolchéviste n'avait pas su attendre la scission des classes dans les campagnes, s'il n'avait pas su la *préparer*, ni l'opérer, et s'il avait essayé tout de suite, dès octobre-novembre 1917, de « décréter » la guerre civile ou l' « institution du socialisme » dans les campagnes, s'il avait essayé de se passer de l'alliance temporaire avec la classe paysanne en général, sans faire certaines concessions au paysan moyen, etc... alors ç'eût été une façon à la Blanqui de dénaturer le marxisme, ç'eût été une absurdité théorique, et ne pas comprendre que la révolution paysanne sans plus est encore une révolution bourgeoise, et que, *sans une série d'étapes* et de transitions, on ne saurait dans un pays arriéré en faire une révolution socialiste.

Dans la question théorique et politique la plus grave, Kautsky a *tout confondu* et, en pratique, il s'est montré simple laquais de la bourgeoisie, criant pour lui complaire contre la dictature du prolétariat.

Kautsky a embrouillé peut-être davantage encore une autre question des plus intéressantes et des plus graves, à savoir si a été bien posé en principe et, ensuite, si a été convenablement appliqué le programme législatif de la République Soviétiste dans la question *agraire*, cet article le plus difficile et en même temps le plus important de la réforme socialiste. Nous serions infiniment reconnaissant à tout marxiste d'Occident qui, après avoir pris connaissance au moins des principaux documents, ferait la *critique* de notre politique; car il nous rendrait par là un immense service, à nous et à la révolution en marche dans le monde entier. Mais, au lieu de critique, Kautsky nous donne, en ce qui concerne la théorie, un invraisemblable imbroglio, qui transforme le marxisme en libéralisme et, dans la question pratique, se lance dans des invectives bourgeoises, vides et venimeuses contre les bolchéviks. Que le lecteur en juge :

« On ne pouvait maintenir la grande propriété. Dès le premier jour, il était clair qu'elle était condamnée par la révolution. Il n'était pas possible de ne pas la remettre à la population paysanne ». (Ce n'est pas exact, M. Kautsky: vous substituez ce qui est *clair* pour vous à la façon dont les différentes classes *envisagent* la question: l'histoire de la révolution a démontré que le gouvernement de coalition des bourgeois, petits-bourgeois, menchéviks et s.-r., avait comme politique de maintenir la grande propriété foncière. La meilleure preuve en est la loi de Maslov et l'arrestation des membres des comités agraires. Sans la dictature du prolétariat, la « population paysanne » n'aurait jamais vaincu le propriétaire uni au capitaliste).

« ... Mais dans quelles formes cela se ferait, là-dessus l'union n'existait pas. Différentes solutions étaient concevables... » (Kautsky se préoccupe avant tout de l'union des « socialistes », quels que fussent ceux qui se réclamaient de ce nom. Mais que les classes fondamentales de la société capitaliste doivent nécessairement en venir à des solutions différentes, cela il l'oublie...).

« Au point de vue socialiste, la solution la plus rationnelle eût été de transformer les grandes entreprises en propriété d'Etat, et de confier aux paysans qui jusqu'alors y étaient occupés en qualité d'ouvriers salariés la culture des grandes propriétés sous forme d'associations. Mais cette solution supposait des ouvriers agricoles comme il n'y en a pas en Russie. Une autre solution eût été de remettre à l'Etat la grande propriété, en la partageant en petits lots que les paysans sans terre auraient pris à ferme. On eût encore fait en une certaine mesure du socialisme... ».

Kautsky, comme toujours, s'en tire avec le fameux : « ... d'une part, on ne peut s'empêcher de reconnaître, d'autre part, il faut reconnaître... » Il met côte à côte différentes solutions, sans se demander, idée qui est la seule juste, la seule marxiste, quelles doivent être les étapes du capitalisme au communisme dans telles et telles *conditions particulières*. En Russie, il y a des ouvriers agricoles, mais en petit nombre, et Kautsky n'a pas entamé la question *posée* par le Pouvoir des Soviets de savoir comment passer à la culture en commun et en associations. Le plus curieux pourtant, c'est que Kautsky veut voir « une certaine mesure de socialisme » dans la location à terme de petits lots de terre. Ce n'est là au fond qu'une formule *petite-bourgeoise*, et il n'y a là rien du tout de socialiste. Si l'Etat qui afferme la terre n'est pas un Etat du type Commune, mais une république bourgeoise parlementaire, (comme le suppose toujours Kautsky), la location de la terre par petits lots ne sera qu'une *réforme libérale* topique.

Kautsky ne dit rien de ce que le Pouvoir Soviétiste ait aboli *toute* propriété sur la terre. Bien pis. Il se livre à un véritable escamotage en citant les décrets du Pouvoir des Soviets de façon à en omettre l'essentiel.

Après avoir déclaré que la « petite production aspire au droit absolu de propriété privée sur les moyens de production », que la Constituante aurait été la « seule autorité » capable d'empêcher le partage (affirmation qui provoquera la risée en Russie, car tout le monde sait que les ouvriers et les paysans ne reconnaissent que l'autorité des Soviets, alors que la Constituante est devenue le programme des Tchéco-Slovaques et des propriétaires), Kautsky continue:

« L'un des premiers décrets du gouvernement soviétiste porte:

1) La grande propriété foncière est annulée immédiatement sans aucun rachat.

2) Les grandes propriétés, ainsi que les apanages, les biens fonciers des monastères, des églises, avec tout ce qui leur appartient — animé ou inanimé, — leurs constructions et dépendances, sont mis à la disposition des comités agricoles de cantons, des Soviets d'arrondissement des Députés Paysans, jusqu'à la décision par l'Assemblée Constituante de la question agraire ».

Kautsky ne cite *que ces deux paragraphes* et conclut:

« Le renvoi à la Constituante est resté lettre morte. En fait, les paysans des divers cantons ont pu faire de la terre ce qu'ils ont voulu » (p. 47).

Voilà des échantillons de la « critique » de Kautsky!

Voilà un travail d' « érudition » qui ressemble étrangement à un faux. On laisse entendre au lecteur allemand que les bolchéviks ont capitulé devant les paysans sur la question du droit de propriété privée sur la terre! et qu'ils ont laissé les paysans faire en détail (dans les divers cantons) ce qu'ils voulaient!

Or, le décret cité par Kautsky, le premier décret promulgué le 26 octobre 1917 (ancien style), comprend non pas deux, mais cinq articles, *plus* les huit paragraphes des « cahiers », dont il est dit qu'ils « doivent servir de règle de conduite ».

Dans l'article 3 du décret, il est dit que tous les domaines deviennent propriété « *du peuple* », et qu'il faut dresser « l'inventaire exact de tous les biens confisqués » et instituer « une garde révolutionnaire stricte ».

Dans les cahiers, il est dit que « le droit de propriété privée sur la terre est aboli à jamais », que « les lots de terre comprenant des exploitations de haut intérêt agricole » « échappent *au partage* », que « le matériel d'exploitation des terres confisquées, inerte ou vivant, devient propriété exclusive de l'Etat ou de la Commune, suivant l'importance et la valeur de ces terres, et *sans rachat* », et que la « terre en totalité fait partie du fonds agraire national ».

Ensuite, en même temps que la dissolution de l'Assemblée Constituante (5. 1. 1918), le 3ᵉ Congrès des Soviets adopta une « Déclaration des droits du peuple travailleur et exploité », qui fait maintenant partie de la loi fondamentale de la République Soviétiste.

Dans cette Déclaration, l'art. I dit que: « la propriété foncière privée est abolie » et que « les fermes modèles et les entreprises agricoles sont déclarées propriétés nationales ».

Par conséquent, le renvoi à l'Assemblée Constituante *n'est pas* resté lettre morte, car une autre institution représentative nationale, infiniment plus autorisée aux yeux des paysans, s'est chargée de résoudre la question agraire.

Ensuite, le 6-19 février 1918, a été promulguée la loi sur la socialisation de la terre, qui, une fois de plus, confirme l'abolition de toute propriété sur la terre, remet la jouissance et de la terre et de *tout le matériel agricole des propriétés privées* aux pouvoirs soviétistes, *sous le contrôle du pouvoir soviétiste fédéral,* et donne comme objet à la jouissance du sol: « Le développement dans l'agriculture de la culture collective, plus profitable au point de vue de l'économie du travail et des produits, aux dépens des cultures privées, dans un but d'acheminement vers la culture socialiste » (art. II, § d).

En instituant la jouissance *égalitaire* du sol, la loi répond ainsi à la question: « qui a le droit de jouir de la terre? » (§ 20). « Sur le territoire de la République Fédérative Soviétiste russe, peuvent jouir de lots de la surface du sol pour des besoins publics et personnels: *a)* dans des buts d'éducation et d'instruction: 1) l'Etat, en la personne des organes du pouvoir soviétiste (fédéral, régional, provincial, départemental, cantonal et communal); 2) les organisations publiques (sous le contrôle et avec l'autorisation du pouvoir soviétiste central); *b)* dans un but de culture agricole; 3) les Communes rurales; 4) les associations agricoles; 5) la société des habitants d'un bourg donné; 6) les particuliers, individus ou familles... ».

Le lecteur voit que Kautsky a tout dénaturé et a présenté au lecteur allemand, sous un jour absolument faux, la politique et la législation agraires de l'état prolétarien de Russie.

Kautsky n'a pas même su poser les questions graves et fondamentales au point de vue de la théorie. Ces questions sont les suivantes:

1) Egalisation de la jouissance du sol, et

2) Nationalisation de la terre, — en quoi l'une et l'autre mesure répondent au socialisme en général et au passage du capitalisme au communisme en particulier.

3) Culture de la terre en commun, comme transition entre la petite culture privée éparpillée et la grande culture publique; la façon dont cette question est posée dans la législation soviétiste répond-elle aux exigences du socialisme?

Sur la première question, il est nécessaire d'établir avant tout les deux faits suivants: *a*) forts de l'expérience de 1905 (je renverrai par exemple à mon ouvrage sur « La question agraire » dans la première révolution russe), les bolchéviks signalaient l'importance, au point de vue du progrès démocratique et de la révolution démocratique, du principe égalitaire et, en 1917, avant la révolution de novembre, ils le répètent encore; *b*) tout en promulguant la loi sur la socialisation de la terre, loi dont l'âme pour ainsi dire est le principe de la jouissance égalitaire, les bolchéviks déclarèrent de façon nette et positive: cette idée n'est pas la nôtre, nous n'acceptons pas ce principe, mais nous croyons de notre devoir de l'appliquer, parce qu'il est réclamé par l'immense majorité des paysans. Or l'idée et les exigences de la majorité des travailleurs doivent être éprouvées et dépassées par eux-mêmes; on ne peut ni « abolir » de pareilles exigences, ni les « sauter ». Nous autres, bolchéviks, nous *aiderons* les paysans à dépasser les principes petits-bourgeois, à passer le plus vite et le plus rapidement possible de ces principes aux principes socialistes.

Un théoricien marxiste qui voudrait rendre service à la révolution ouvrière par son analyse scientifique, devrait dire d'abord s'il est vrai que l'idée de la jouissance égalitaire a une valeur démocratique révolutionnaire et tend à mener à son terme la révolution démocratique bourgeoise. Ensuite, il devrait dire si les bolchéviks ont eu raison de faire passer grâce à leurs voix et de faire observer de la façon la plus loyale la loi petite-bourgeoise sur la jouissance égalitaire.

Kautsky n'a même pas su faire remarquer en quoi consiste théoriquement la question!

Kautsky ne pourra jamais nier que le principe égalitaire n'ait une importance progressiste et révolutionnaire dans la révolution démocratique bourgeoise. Cette révolution ne peut aller au delà. En allant jusqu'à son terme, elle ne fait que démontrer plus clairement, *plus vite*, plus facilement, l'insuffisance des solutions démocratiques bourgeoises, la nécessité de sortir de leur cadre et d'aller au *socialisme*.

Une fois débarrassés du tsarisme et des gros propriétaires fonciers, les paysans ne rêvent que de jouissance égale, et aucune force au monde ne pourrait s'opposer aux paysans libérés des propriétaires et de l'Etat républicain du parlementarisme bourgeois. Les prolétaires disent aux paysans: nous vous aiderons à aller jusqu'au capitalisme « idéal », car l'égalité dans la jouissance du sol, c'est le capitalisme porté à son point idéal au point de vue du petit producteur. En même temps, nous vous ferons voir les côtés défectueux de ce système et la nécessité du passage à la culture en commun.

Il serait intéressant de voir comment Kautsky s'y prendrait pour essayer de mettre en doute la rectitude de la direction ainsi donnée par le prolétariat à la lutte des paysans. Kautsky a préféré éviter la question...

Ensuite, Kautsky a trompé impudemment les lecteurs allemands en leur cachant que, *dans la loi* sur la terre, le pouvoir soviétiste donne nettement *la pré-*

férence aux communes et aux associations, en les plaçant en premier lieu.

Avec les paysans, jusqu'au bout de la révolution démocratique bourgeoise, avec les éléments pauvres prolétariens et demi-prolétariens de la classe paysanne, en avant vers la révolution socialiste! Telle a été la politique des bolchéviks et telle est l'unique politique marxiste.

Mais Kautsky s'embrouille, il n'est pas une question qu'il pose convenablement. D'une part, *il n'ose pas* dire que les propriétaires devraient se séparer des paysans sur la question du partage égal, car il sent l'absurdité d'une semblable rupture (du reste, en 1905, avant d'être renégat, Kautsky lui-même préconisait nettement et clairement l'alliance des ouvriers et des paysans comme une condition du triomphe de la révolution). D'autre part, il cite complaisamment les insanités libérales du menchévik Maslov, qui « démontre » le caractère utopique et réactionnaire de l'égalité petite-bourgeoise au point de vue du socialisme, et il passe sous silence le caractère progressiste et révolutionnaire de la campagne petite-bourgeoise pour l'égalité, pour le nivellement, au point de vue de la révolution démocratique bourgeoise.

Il en résulte chez Kautsky un imbroglio sans fin: remarquez que Kautsky, en 1918, insiste sur le caractère bourgeois de la révolution russe. Le même Kautsky, en 1918, s'écrie : « Ne sortez pas de là! » Et en même temps il voit, « dans une certaine mesure, du socialisme » (pour la révolution bourgeoise) dans la réforme petite-bourgeoise qui remet aux paysans pauvres de petits lopins de terre (c'est-à-dire dans la tendance du partage égalitaire)!

Comprenne qui pourra!

En outre, il montre une vraie incapacité bourgeoise à tenir compte de la politique réelle d'un parti donné. Il cite les phrases du menchévik Maslov, sans vouloir voir la politique réelle du parti menchévik qui, en 1917, en « coalition » avec les propriétaires fonciers et les cadets, préconisait en fait la réforme agraire des libéraux et l'entente avec les gros propriétaires; la preuve en est dans les arrestations de membres des comités agraires et le projet de loi de Maslov.

Kautsky n'a pas remarqué que les phrases de Maslov sur le caractère réactionnaire et utopique de l'égalité petite-bourgeoise ne servent qu'à masquer la politique menchéviste d'entente entre les paysans et les propriétaires, qui permet à ces derniers de duper impunément les paysans, au lieu de laisser les paysans renverser les propriétaires, par la voie révolutionnaire.

On voit quel marxiste est Kautsky!

Les bolchéviks, eux, ont rigoureusement distingué la révolution démocratique bourgeoise de la révolution prolétarienne: en menant jusqu'au bout la première, ils ont ouvert la porte à la seconde. C'est la seule politique révolutionnaire, la seule politique marxiste.

Kautsky perd son temps à répéter les spirituelles insanités des libéraux : « Nulle part encore et jamais, les petits cultivateurs ne sont passés à la production collective sous l'influence de convictions théoriques » (p. 50).

Voilà qui est spirituel!

Nulle part et jamais les petits paysans d'un grand pays n'ont été sous l'influence d'un Etat prolétarien.

Nulle part et jamais les petits paysans n'ont engagé

la lutte de classe déclarée des paysans pauvres contre les riches, c'est-à-dire la guerre civile au sein de la classe paysanne, les pauvres étant soutenus par la propagande, la politique, les secours économiques et militaires du pouvoir gouvernemental prolétarien.

Nulle part et jamais, il n'y avait eu un tel enrichissement des spéculateurs et des riches par suite de la guerre, et une telle ruine de la masse paysanne.

TABLE

IMPRIMERIE « L'UNION TYPOGRAPHIQUE »

VILLENEUVE-SAINT-GEORGES